认字且识字，才不会成为“文盲”，
亦不会沦为乌合之众——集体无意识者。
好好识字，才可能活出尊严。

国学经典之美·赳赳说字系列

赳赳说千字文 ②

胡赳赳 / 著

SPM 南方出版传媒 广东人民出版社
·广州·

认字洗脑，识字醒脑

◎ 胡赳赳

借《赳赳说千字文·2》出版之际，我们来讲讲大家时刻都在使用的“汉字”。因为我们每天都在用汉字，所以我把它称为“日用品”；又因为汉字有着悠久的历史，并蕴含着丰富的中国传统文化，所以我也把它称为文物。

不知字的本义
——当代作家写的东西远不如民国作家

我最早做“赳赳说字”时，就发现当代的作家、诗人，写的东西远远不如民国时期的作家、诗人，我一直在想这是为什么。之前自己写文章时，还感觉自己写得很好，但时间久了，总觉得文章的重量感不够，内容流于表面，做不到一字千钧。后来我想到，是不是因为我对传统文化了解得不够深入，是不是因为文言文没有学好，古汉语知识不够，结果导致写作太过浅薄。

最后我发现，有一点我们完全是空白的——我们在上小学时，并没有正儿八经地接触到“小学”。传统意义上的“小学”同现在的小学是不一样的。传统意义上的“小学”，是训诂学，现在也叫文字学。文字学会告诉大家，汉字是怎么来的，最早是怎么写的，它的本义是什么，引申义又是什么。这样从汉字的渊源讲到汉字的流变，在好玩有趣的同时，让汉字充满了生命力。

但是后来就没有了“小学”这一门课，我们日用汉字而不知其本义，只知其然不知其所以然。由于不知汉字的来源，导致人们现在写文章，特别是在写诗时，始终用不好一个字，没有办法用出字的本义，甚至有些字的本义都已消失了，无从考证。

比如“本来”，现在很少把“本”和“来”分开用。实际上，“本”和树木有关。为什么？因为“本”原是指树根，所以现代汉语才会将“本”和“根”组成词连用。

而“来”，本义是指外来的物种——麦子。所以“来”的形状就像是麦子的麦穗。后来“来”被假借成过来、来往，所以就在“来”的下面加上部首，变成小麦的“麦”，来表示麦的本义。

很多字如果不去追究，我们甚至都不知道这个字的本义消失了，被赋予了新的意义。但是知晓并用出字的本义时，你的文章就会显得特别高级。比如“有凤来仪”，“凤来了”表示祥瑞，而“来”在这里有另外一层语义。“来”表示带来了外面的食物，因此其本身就表示祥瑞。因此我们可以把“有凤来仪”理解成凤凰衔着小麦的种子而来。又由于“风”和“凤”是通假字，所以“有凤来仪”也可以理解成风刮来麦子。这样去理解字词的含义，你就会比别人理解得更加深入。文字能带来充满诗意的想象。“大胆假设，小心求证”，这是我们对于文字学应有的态度。

为何不再有文字学课程？民国后不重传统、忽视教育

为什么不再有文字学这门课？最重要的原因是什么？

第一，民国“五四时期”开始倡导白话文。那时候人们普遍认为“科学”和“民主”能够救中国，而中国的传统文化就是糟粕，是靠不住的，所以“五四运动”要把中国传统束缚人性的封建礼教全都打碎。“五四运动”以后，就有了现代意义上的学校，以学习西方的知识为主，教育体制也是向西方看齐。这是第一个原因，在教育体制上不再重视传统的国学教育。

第二，解放后，中国的文盲实在太多了，中国当时有四万万同胞，也就是有四亿人，但是文盲率高达87%，有将近九成的人是不识字的。那么怎么办？当然要扫盲。但是在当时，学校是完全不够用的，对此有两种解决办法。第一，把汉字进行简化；第二，尽量让大家能够快速使用文字。因此学校教学生认字时只教字的音、形、义，对于字的本义和流变，学校就不再教授。只有大学的中文系包括汉语言文学、古代汉语等专业，才会教学生断句和训诂。我们每天都在使用汉字却不知其来源，这就有点像你睁开眼睛时，别人告诉你这是你的妈妈，但是你睁开眼睛看到的这个妈妈，是不是真的妈妈，其实你

并不知道。人是在什么样的环境下会被洗脑？就是仅靠别人给你灌输想法，但你却没有办法去确认自己的身份，所以你根本不知道自己的身份究竟是不是真实的。动物界就把睁开眼睛看到的第一个对象认作母亲。西方有一句话说得特别好："即便你妈妈说她爱你，你也要核实一下。"换句话说，即便你妈妈说她是你妈妈，你也应该核实一下。我们核实有很多办法，通过情感去核实，通过医学的 DNA 去核实，通过相貌等等去核实。文字也是这样，即使知道了汉字现在的音、形、义，但是其义究竟是引申义还是本义，我们需要去验证，去核实。

第三，当时以阶级斗争为纲，大家认字后就能读书写信、看报算账，这就算知识分子了，然后要尽快投入到斗争和生产中去，所以我们的识字课在无形中就完全停滞了，这也导致了人们的文化水准普遍不高。除了一些老先生的作品外，当代作家写的文字，质量都是非常不可靠的。

我之前主持修复《澄衷蒙学堂字课图说》，就是为了和读者一起追本溯源，探寻汉字的本义和流变。《澄衷蒙学堂字课图说》是一百一十五年前，胡适、茅盾、竺可桢等人的启蒙识字课本。那个时候，十二岁之前就要认识三千个汉字，而且每个字都给出了说文解字的含义。

很多人以为识字很难，是专家去做的事情，其实不是这样。识字是很简单的事情。简单到什么程度？实际上识字是六到十二岁的小孩子学习的知识。

比如汉字的"字"就有多种说法。如训诂学里称独体字是文，合体字是字。象形字和指事字是独体字，会意字和形声字是合体字。先民最初在创造文字时，从独体字走向合体字，文字就变得高级了，甚至可以无限繁衍下去。

有两种创作独体字的方式，分别是象形和指事。例如在象形字中，“日”表示太阳。在指事中“上”有两横，短的一横在上面，长的一横在下面，以此突出“上”的方位。

形声字就变得更复杂，比如左边是形，右边是声。比如河流的“河”，发的是“可”的声，由此“河”就变得很高级。

所以“文”和“字”，在文字学中具有不同的含义。

“字”不仅仅指我们现在文字，事实上当字指文字时，就已经是引申义了，而它的本义是“待字闺中”的“字”。“字”的上面是宝盖头，下面是“子”，是指受孕在家里生孩子。而“待字闺中”就是指女性还没有生孩子，还没有出嫁，所以“字”就是家中有孩子的意思。后来因为大家认为文字是有生命的，所以就把“字”借用过来了。

识繁用简
对简体字要心平气和去对待

我们不能因为现在多使用简体字而少使用繁体字，就对简体字产生怨气。这是因为怨气会影响你的情绪，带着情绪去使用简体字，你就不能使用好简体字。

实际上，语言文字有着约定俗成的特点。如果无法约定俗成，文字就推广不下去；如果俗成了而没有约定，文字就无法大范围地传播。所以使用好文字有两个必要条件：一个是约定，就是大家说好了，都这么用；一个是俗成，俗成就是大家还真这么用。所以无论简体字有多少问题，都不是最主要的问题，都是次要的问题。为什么？因为它推行成功了。

我们要心平气和地去使用简体字，因为简体字现在是大众文化的载体。如果我们不能心平气和地使用简体字，并且对文字语言采取了自暴自弃的态度，这是非常不可取的。但是我们必须识繁用简，也就是要认识繁体字，熟练使用简体字。语言有个特点，你使用它，它就是活的；你放弃它，它就是死的。所以无论是简体字还是繁体字，我们都应该用起来，让汉字充满生命力。

汉字的起源
可能是有识之士造出来的

某种意义上，中国其实是一个文化概念。这是因为各民族之间已经混同过很多次了，比如满族和蒙古族都曾入主华夏；而五胡乱华时期，其他外来的民族和军阀也曾占据过主导地位。而在盛唐时期，我们也同化了很多其他的民族。所以中国其实是一个文化概念，也就是同文同书，使用同样的语言文字。同文同书很重要，这在精神层面上决定了中国的统一性——尽管各地均有自己的方言，但是文字相同，语言共通，更有着共同的精神图腾。

因此我认为，如果不能深入理解自己国家的文字，那么作为一个中国人，是不太合格的。

我认为，文字是由劳苦大众、普通人民中的有识之士造出来的。文字经历过漫长的时间，在集体中诞生，最早是被权力阶层所采用。也就是说，文字可能首先是由巫师、酋长所采纳使用的，而战争或者祭天，则是最需要使用文字的。这是因为在战争中，人们需要知道一些记号；在祭天的时候人们需要文字祈拜上天，并记录下上天给予的启示。因此中国的很多文字来源于战争或者祭祀。

人生忧患识字始
通过识字培养自己的定力

当世界上有了文字以后，就可以记录信息，保存知识，并在岁月的前进中变成历史文献；而经过时间的淬炼，蕴含着智慧的文献就变成了现代的经典，变成了我们要去学习的思想和知识，甚至成为我们文化前进的不竭动力。

我曾经引用过一句话，“人生忧患识字始”。我们要不要这个“忧患”？我们本身可以麻木，我们不需要觉知觉醒，我们就这样活着其实挺好，每天喝点酒，有空了出去旅行，和朋友一起消磨时间，聊聊天，时间很快就过去了。为什么还要去思考一些更深层的东西？实际上这个也在追问生命的本质，人的意识状态究竟是什么样子？人为什么要自寻烦恼？为什么要去探究一些原本不需要知道的东西？也就是说，为什么我们要去探寻文字背后的密码和信息？

《道德经》中的“道可道，非常道”，一直有很多的专家、学者去讲解“道”究竟是什么意思。其实“道”的原始意义很简单，它是指人要睁大眼睛，要抬头看路，这就是道。所以越深刻的道理越简单。道是什么？就是让你找到正确的道路，不要迷失方向。

可是我们又经常会迷失方向，我们走着走着就迷路了，走着走着就走到另外一条道路上去了，就再也回不来了。就像我们开车一样，开到另外一条路上，去到了另外一个目的地，而且离最初想去的目的地越来越远。

人经常会感到纠结，经常手里做着A，心里想着B，就是因为同时选择两条路，才会感到纠结。这也就是西方哲学家说的，一个人不能同时踏入两条河流。对于你来讲，你纠结的原因是因为你想同时踏入两条河流。你在A这条河流当中，还想着B那条河流。

我们做事情也是这样，比如有些人想写小说，可是他却一直在写新闻报道；有些人一直想做电影，可是他却在做纪录片，等等。人无时无刻不在纠结当中。

还有一些人，他不知道自己究竟想要什么，想就是混一下，凡是他觉得好的东西，就跟着学一下，但他始终没搞清楚这件事究竟是什么。他更不知道自己到底想要做什么，反正这个也能做，那个也能做；这也做得不错，那也做得不错，然后很快几十年就过去了。

这就是因为没有培养出自己的定力，而这个定力就从文字当中得来的。因为研究文字，你必须特别有耐心，反复去查对相关资料，才有可能把理论上的事情弄清楚。在这个过程中你可以培养出“文化自信”；有了这个文化自信，就有了定力，不会再受东风、西风的影响，也有了包容之心，能够容纳对立的观点，接纳不同的角度。

这就是“认字洗脑，识字醒脑”的含义。“认”和“识”，“洗”和“醒”，本身就很容易混淆。“认”是说看到陌生人，第二次见面你就能认得；“识”就是熟悉后变成朋友。对于文字我们要做到熟识。

“认字洗脑，识字醒脑”的意思是，如果我们不了解一个字的过去，仅是单方面地知道这个字的当代意义，就是“洗脑”，因为你永远活在一个单方面的未经求证的过程当中。而“识字醒脑”，是你知道这个字的来龙去脉，你知道这个字从哪儿来，要到哪儿去，所以你对这个字的认识就完全不一样。尤其是当你认识到人们“只认字而不识字”的现状后，你可以通过学习汉字，认识汉字，去看待我们现在很浮躁的社会现状。文化让人开智，你会明确自己的人生观、价值观，明白自己的心之所向，坚定追求自己的理想，不再浑浑噩噩、随波逐流，做自己的主心骨。

目录 CONTENTS

壹 遐迩一体，率宾归王

CHAPTER 01

贰 CHAPTER 02 鸣凤在竹，白驹食场

叁 CHAPTER 03 化被草木，赖及万方

肆

盖此身发，四大五常

CHAPTER 04

伍

恭惟鞠养，岂敢毁伤

CHAPTER 05

陆 CHAPTER 06 女慕贞洁，男效才良

柒 CHAPTER 07 知过必改，得能莫忘

捌 CHAPTER 08 罔谈彼短，靡恃己长

玖 CHAPTER 09 信使可覆，器欲难量

拾

CHAPTER 10

墨悲丝染，诗赞羔羊

拾壹

CHAPTER 11

景行维贤，克念作圣

拾贰

德建名立，形端表正

CHAPTER 12

拾叁

空谷传声，虚堂习听

CHAPTER 13

壹

CHAPTER 01

『遐迩一体，率宾归王』

“遐迩一体”就是指远和近都是一体的关系；“率宾归王”是指四海之内，都是臣属于王的领地和子民。

遐 · 002

迩 · 006

一 · 010

体 · 015

率 · 017

宾 · 019

归 · 022

王 · 026

遐

要想去一个很『遐』的地方，

首先要从『迩』开始

本义：遥远

遐的篆文写作。

“遐”的上面是“叚”（jiǎ），下面是走之底，代表“远”。

“叚”的西周甲骨文为。从字形来讲，左面形状像山岩，右边和下面各表示一只手，意思是一个人在攀岩时，要借助两只手的力量，才能翻过去。[1]

---

1 林义光对“遐”的解释为：“假人所有为己所用。”朱芳圃对“遐”的解释为：“从山崖下取石之瑕。”这是两位文字学家不同的观点。

“叚”加上走之底〔“辶”古时候写成辵（chuò）〕，表示翻山越岭，要去很远的地方。它有“远走外地，借居异域”的意思。为什么有“借居”之意呢？因为“叚”有“借助，假借”之意，所以“遐”也表示借居在很远的地方。

但我们一般把“遐”简单地理解为“遥远”“遥远的地方”。不一定指现实中的距离远，也可以指精神上的距离远。

不真实、虚假、空白、神游、遐想

“叚”后来就引申为假借他人之手、他人之力。因为是假借他人之力，就引申成为不真实；而这种不真实的力量不是自己的，就是虚假的，因而“叚”又有虚假的意思，由此又引申为“空白的”“不存在”“自己本没有的”。所以“遐”还有神游的意思，于是产生了“遐想”——想得不切实际，想到很远的地方去了。

“叚”和假期、假借的“假”是相通的。后来人们给它加了一个单人旁，代表它的原义；而“叚”就变成了一个部首，可以同别的偏旁部首组成其他字。

比如“叚”加上王字旁，就是“白玉微瑕”的“瑕”，是斑点、缺点的意思，总之是有一点点“假”，不完美。后引申为不真实、有漏洞、有空子钻。

“叚”加上日字旁，变成“闲暇”的“暇”，也和“空白”的意思有关，表示空闲、无事。

还有我们常说的“假期”的“假”，也是带点“空白”的意思，假期是用来虚度的。只有假期人放空、虚度一下，才可以在工作日更好地踏实工作、学习。

每一个人都要从近处一步步走向远方

中国有一种很重要的哲学观，是说无论一个人去多远的地方，都需要一步一步达到。假如你要去一个遥远的地方，一个很“遐”的地方，你首先必须做什么？要从“迩”开始。“迩”的意思是很近。

每个人都要从近处一步步走向远方。因此鲁迅先生讲：“世上本没有路，走的人多了，也就成了路。”

饭要一口一口吃，路要一步一步走，不要太好高骛远，不要太渴求遥远的东西。面对“遐”的时候，你要有一种“迩”的精神。由近及远，日进一步。

名闻遐迩——好名声，无论远近都在

“遐”和“迩”，一个代表远，一个代表近；名闻遐迩形容一个人的名声很大，不管是远处还是近处的人都知道。

《尚书》中提到：“若陟（zhì）遐，必自迩。”意思是远和近既是相对的，又是统一的，由近可以至远。要想到高远之处，必须从低地近处开始。这暗合了“登高必自卑”（卑者低也）[1]之意。这也暗示了学问之道、行事之道，都要专注于手头的事一点一滴做起；积累久了，自然就到了“生命的最高处”。

1　出自《中庸》:“君子之道，辟如行远必自迩，辟如登高必自卑。”

迩

任何时候都
不要破坏和他人的
心理安全距离

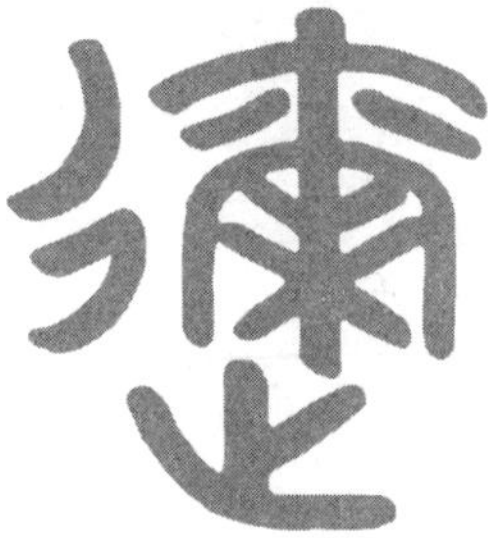

本义：近处，一箭之地

“迩”（邇）的金文是。

“迩”的上面是“尔”，意思是“你”。但这不是“尔”的本义。“尔”的本义是可以连发的弓箭。

可以连发的弓箭是射不远的，所以“尔”后来的意思是一箭之地；加上走之底就是“迩”，表示近处。

“尔”的甲骨文是，形状很像一排箭。它和箭矢的“矢”（）在字形上就很像，“矢”是一支箭，“尔”是弓弩连排发射的弓箭。

“弥”是有杀气的字

“尔”的左边加上弓字旁，就是“弥”。

“弥”的本义是指把弓箭拉开、拉满，所以“弥”充满着力量，而且带有一股能控制四周的张力，因此“弥”这个字带有杀气。《说文解字》就说：“弥，驰弓也。”

大家想一想“弥漫”这个词，“弥”是从中心向四周控制，“漫”是扩散到无处不在。“弥留”是指生命张力很快就过去了。“弥补”的意思是填满箭矢，引申为对过失、缺点予以纠正。

“来者何人”——你、尔、尔等……

“尔”加上单人旁，就变成“你”，“你”是第二人称。在语言中，从魏晋时期就开始用“你”了，[1]口语和书面语中的第二人称都用“尔”。

“你”是在战场上对面的人，因为在弓箭可以射击的范围内来了一个人，我不知道是敌是友，所以我要拿着弓箭把他控制在一定的范围内。

“来者何人？”这个“来者何人”，就是“你”。所以“你”“尔”“尔等”，都是指对面的人，而且是在我弓箭控制范围内的人。在人称代词中，“我”“你”都和战争、仪仗有关系，“我”是执戈者发出“嗷嗷”的声音，威武雄壮，后指第一人称；“你”则在我弓箭控制范围之外站立。这样，我和你都在一个安全的尺度中。

1 见邓军著《魏晋南北朝代词研究》。

最能伤害我们的往往是我们最亲密的人——一定要把握好“我”和“你”、“尔”和“吾”之间的距离

古人说“尔等”，是指“你们”，是指对面和我相对的人，而是敌是友，一时半会儿是分不清的。所以和陌生人要保持一定距离，要互相试探，最后才可能会亲近。

因此“我”和“你”也是一对矛盾。这对矛盾是什么呢？就是说人和人之间要保持一个适当的距离，以前是战争、危险所带来的一种地理位置上的距离；而在和平年代，它代表的是一种心理距离。所以当两个陌生人说话时，如果有一方身体靠得太近，对方就会觉得不舒服。但如果两个人想变成好朋友，想走得特别近，那么心理距离也会越来越近，所以他们会勾肩搭背，可以推杯换盏，甚至可以有八拜之交，有刎颈之交；他们可以相濡以沫，甚至于可以穿一条裤子。这都是心理距离变近了以后，身体靠近的可能性。

因此，在面对他人的时候，我们要知道如何去保持一种心理距离。如果你没有这种防范意识的话，可能会很容易受伤害。哪怕你们的关系变得很亲密之后，如果没有心理防范，也会造成伤害。防范不是为了算计别人，而是为了保护自己。如果对他人“不设防”，相当于你身体没有防御机制，最终会变成一个大众眼中的“烂好人”，别人倾倒“垃圾”的地方，所以伤害的还是自己。

实际上，最能伤害我们的往往是我们最亲密的人，因为把防范意识放松了，没有了心理距离；而我们伤害的往往也是那些最不该伤害

的人。因此我们任何时候都要好好把握我和你，“尔”和“吾”之间的距离。如果我的一味“礼让”，造成你的“得寸进尺”，那就要重新修正二人的关系了。

一

『一花一世界，一叶一如来』

本义：合一，既是个体，又是全部

“一”的甲骨文是，其构造极其简单，是一种特殊的“指事”，就是划一横代表“一”。然而最简单的字却最难讲。

大写的“壹”根据“一”的篆文而来，是“壶”加上“吉”。“壶”代表着整体，“吉”代表着吉祥如意，也是声旁。所以“壹”发“吉”的音。大写的“壹”有整体、全体和专一的意思。

一个即所有，“惟精惟一”“不二”“抱元守一”“天人合一”

“一”是很简单的字，但是，越简单的字反而越具有多义性。“一”就蕴藏了一个很深刻的哲学道理：一个即所有。在儒释道中最精奥的哲学里都含有“一”。儒家说“惟精惟一”，就是说要专精、要专一、要专注。

佛家说“不二”，就是没有分别心，不要把一变成二，因为一起分别心就滋长“我执”之念。

道家称“抱元守一”，意思是人要回到个体和整体一致的状态。道家认为，这个世界立于“一”，“一生二，二生三，三生万物”，也就是说有了分别心才产生了这个世界。假如人们没有分别心，就能够回到这个世界的本体，就是一。类似的，儒家有的时候也会说“天人合一”。

我们在很多时候能看到一个词，叫“合一”。“合一”是从“天人合一”这儿来的，“合一”是回到我们和万事万物的联系当中。因为世间万物都存在于“一”中，所以“一”有着最高的哲学智慧。

从一到十，每个数字都是极限数

古人在造字的时候，认为数字都是极限数。“一”是极限数，因为在天地未分之前称为“一”；“二”是天地初分，称为“二”；“三”是“天、地、人”三才，到了“三”，就可以称为多了。

“四”是“二”的倍数。“五”也是极数，它代表着世间万物，世间万物都是由五个元素组成的，即金木水火土。“六”是所有空间的维度，加起来称为“六”。

“七”代表的是需要切分的极限数，也代表着一切，所以需要切分。[1]而“八”就是分成两半，不停地分，是需要细分的极限数。“九”的形象是用手极力去抓，表示数多到极限。

“十”和“七”相似，也有需要切分的意思。当采用十进制的时候，“十”就代表着切分；而采用六进制的时候，“七”代表一个新的“一”，一个新的切分。所以从一到十，每个数字其实都是极限数。[2]

“一沙一世界，一花一天堂。双手握无限，刹那即永恒”

《华严经》里就讲“一花一世界，一叶一如来”，意思是一朵花里就能看到整个世界，一片叶子中包含着如来法性。英国诗人布莱克写过一首诗：“一粒沙尘里可以看到一个世界，一朵花里有一个天堂。把无限放在你的手掌，永恒在那一刹那间收藏。”这也是一句极有智慧的话，就是说“一沙一世界，一花一天堂。双手握无限，刹那即永恒”。

佛家说“一花一世界”，布莱克说“一沙一世界”，最小的就是最大的。这就是现在说的“全息理论”，比如说在一个人的一根头发丝里就能找到他生命的基因密码。一根头发丝是很小的，但却包含了人生命全部的基因密码，那么，这一根头发丝就是最大的，它与人的生

1 “七”，甲骨文写作“十”。一横代表全部、一切；一横加一竖，表示对全体进行切分。

2 以上关于数字的说法，可参阅《象形字典》。

命是同构的，是合一的。

“全自体”

有一位著名的整合心理学家威尔伯把人称为“全自体”，意思是一个人既是一个“自体”，也就是“个体”，同时他又是“全体”，且处在每一样事物当中，由此称为“全自体”。《丧钟为谁而鸣》是文艺复兴时期玄学派诗人[1]约翰·多恩创作的，讲的也是这层意思：

没有人是自成一体、
与世隔绝的孤岛，
每个人都是广袤大陆的一部分。
如果海浪冲掉了一块岩石，
欧洲就减少。
如同一个海岬失掉一角，
如同你的朋友或者你自己的领地失掉一块。
每个人的死亡都是我的哀伤，
因为我是人类的一员。
所以，
不要问丧钟为谁而鸣，
它就为你而鸣！

---

1 “玄学派”诗人是用哲学辩论和说理的方式写抒情诗，主要是指英国17世纪以约翰·多恩为首的一派诗人。

心物一元

既然知道了“一”包含着无上的智慧和法性，那么我们在面对“一”的时候，自然而然就会多些敬畏之心。我们要知道如何进入到一种“心物一元”的状态，就像李白说的，“相看两不厌，唯有敬亭山”。[1]他在面对敬亭山的时候，感觉在看山的同时，山也在看他，这样作为主体的诗人和作为客体的山就合一了。

1 出自李白的《独坐敬亭山》。

体

把握好体与用的关系

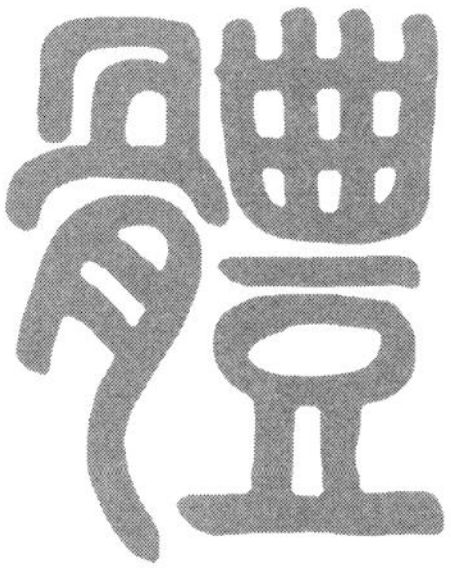

本义：身体是一个大宝藏

“体”（體）的篆文是。

繁体字的“體”，篆文的，左边都是骨头，表明它是支撑身体的重要结构。

“體”的左边是“骨”（），右边是“豊”（），是古代祭祀时拜神用的物品，是在容器里放着的一些用于祭祀的珍宝。

“體”的左边是支撑身体的重要结构，右边是珍宝，这意味着我们身体里有很重要的宝贝。所以体（體）的本义是指我们身体就是一个大宝藏。但也有一个说法，认为“體”是用肉身来献祭。或者说，我们的身体应该奉献给神灵。

我们的身体才是大金矿

我经常跟人讲，很多人是守着金矿去“讨饭”。因为我们每个人的身体都是富饶的大金矿，但我们却要过度使用它去换取日常所需的开支费用。我们守着这个金矿，却没有运营金矿的钱，所以很多时候过的是一种心不甘情不愿的生活，忙忙碌碌，皆为讨生活，混口饭吃。我们很多人都是这种命运。因此怎么样使用我们的宝贵人身，去换取我们生命存在的真正意义，也就是“天命”，就变成了一个大学问。

人需要一个身体使用手册，由此才能使用好、维护好自己的身体，在不过度消耗本钱（身体）的情况下，用本钱产生的利息去做事。“宝剑用后急需磨”，再锋利的宝剑，使用后都会有损耗，更别说身体了。因此，要让身体时常回到“守中”的状态，不要让“贵体欠安”。《黄帝内经》中说：“恬淡虚无，真气从之。精神内守，病安从来。”

第一，不要让自己的身体处在损耗的状态；第二，要时时保持精神内守的充盈状态，节欲少事；第三，让生命找到存在的更重要的意义，找到自我的使命。

这便是读懂“体”这个字给我们的一个重要启示。

率

率性之谓道

本义：用纤绳在河岸拉船

在商代甲骨文的写法中，“率”是人过河的样子（），两边是水，中间是绳索。人用绳索拉着船前进，所以“率”是有方向感的，它有引导、率领的意思。[1]

在西周文字中，这个字有了一个新的写法，“水”消失了，变成了行走的“行”包围在绳索的两边（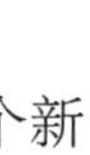），意味着使出力量前进。

在比较成熟的篆文中，还是沿用了甲骨文的写法，即中间是绳索，两边是水，又在上下各添加了一只手，所以上下各呈现出一个十字的形状。意指前面的人用手拉着绳索往前走，后面的人用手推

1 《字源》称，率“像绞麻为索之形”；《六书正讹》称，“率，大索也”。二书皆认为率为大绳索之意。《尔雅义疏》，率义为“舟止系之于树木”，最为相通。

着前进，表明船只在逆水而行时要使用牵引力，这个牵引就是“率”。

所以“率”的本义就是用纤绳在河岸拉船。

率领、作出表率，率真、坦率……

“率”在引申以后就变成了率领、引导，又可以说成榜样、楷模、作出表率等。

当“率”作形容词的时候，意思是直接的、简单的，朝着一个方向使劲，比如率真、坦率。

当“率”作副词的时候，比如“率而”“大率”等，意思是大概、大方向不变。

效率（lǜ），圆周率

率还有一个读音是 lǜ，比如效率、圆周率，是数学用语，指两个数之间的比值，也叫比率、效率。这个“率”通规律的“律”。

《诗经》里这句话是什么意思

《诗经》中有句：“普天之下，莫非王土；率土之滨，莫非王臣。”意思就是，所有的土地一律都是君主的；四海之内，也都是君主的臣民。这里的“王”既可以解释成君主、皇帝、独裁者，也可以解释成“王道”“正义”“公平”，而自由的领袖才能实行王道。

宾

『宾』由礼，更由心

本义：一个人带着贵重的礼物去别人家做客

“宾”（賓）的金文是 ，简化以后下面的“兵”取代了之前宝盖头下复杂的结构——“人”和“贝”。

从金文可以看出，宾是指一位客人带着贵重的礼物前往别人家作客。

在甲骨文的写法中，宾（）下面是一个人。后来把这个人上面加了一横（），代表帽子。戴着帽子的人代表这个人的身份很特殊，是尊贵的人，也指从远方而来的客人。后来在底下加上“贝”，指带着财物礼品。这个字（賓）才稳定下来了。

空着手是“客”，带着礼物是“宾”

中国是一个礼仪之邦，大家逢年过节都要有一些仪式感——这种仪式感就是走亲访友。如果你去别人家作客的时候，想让对方重视你，那就不能空着手去；空着手去就失礼了，多多少少都要带一点礼物。现代社会把这个东西称为伴手礼，或者称之为手信，随手带一个小礼物，让主人开心一下，以示尊重之意。

因此，空着手的我们称为客，客是普通的人；如果想成为尊贵的客人，就要带着礼物去，就称为“宾”。

只不过，“宾”在简化之后，带着礼物的尊贵客人变成了“兵”，也就是不速之客。这可能是大家没料到的。

很多时候，礼物的背后折射出来的是一个人的心意，我们有的时候收的不是礼，收的是一份心意。古人说“千里送鹅毛，礼轻情谊重”，要的就是对方看重我们的这份心。所以很多时候小小的礼物，别出心裁、自己花很多时间精力去挑选的礼物，会得到对方的青睐，就是这个原因。西方甚至专门发展出一种现象学的分支，称之为“礼物学”，它从对礼物、礼仪和人际互动的研究角度切入，对社会学、哲学、人类学展开深入的探讨。[1]

1 参见法国马里翁所著《礼物现象学》。

“率宾归王”的“宾”是边远的地方

《千字文》当中所写“率宾归王”，典出《诗经》，原句是“率土之宾，莫非王臣”。这个“宾”不是宾客的意思，它的意思是边远的地方，通“滨”，可以理解为四海之内。四海之内皆是王的臣民。

归

本义：四方的人来归顺与投诚

“归”（歸）的甲骨文是，左边像是高山相连，也像是兵符；右边是一个人戴着枷锁，枷锁是“方”形，“方”有流放或归顺之意。“方”的上面是脚趾的形状，脚趾的形状也有两层意思，即“停止”和“前往”。

通过甲骨文去推测，“归”的意思是归顺，是四方归顺的人翻山越岭，前往朝廷，前往中央，或者说带着兵符，去往朝廷所在的地方。随后，“归”的含义演变成四方的人归顺与投诚。后来，这个字进入了人们的日常生活，就变成了出嫁的意思。《易经》中有“归妹卦”，也是出嫁之意，最早也有归顺修好之心（嫁女为妾）。

女性出嫁称为“归”

“归”和女性有关。在古代，女性的地位比较卑微，同时也谦称自己只是一个做做家务、打扫卫生的人，所以在古代，人们把嫁人后的女子称为“妇”（婦），就是女字旁加“帚”。“婦”的意思是女子嫁人了就要操持家务，照顾家人。

“婦”是女性自谦的字。

在《说文解字》中，把女性出嫁称为“归”。《公羊传》和《毛诗传笺》也把女子嫁人称为“嫁归”。

“雷泽归妹”——婚姻和合之相

在《易经》中有一卦，就叫“归妹”，是《易经》的第五十四卦，它上面是“雷”，下面是“泽”，所以这一卦相叫“雷泽归妹”。

如果谁用《易经》去演算得到了这一卦，那就意味着家里有人要出嫁了，或者说是有婚姻上的喜事。因为“雷”代表“震”，“泽”代表“兑”；“震”对应的人是长男，而“泽”对应的人是“少女”（小女儿），所以少女和长男合在一块就是一个欢乐、喜悦的情景，要有喜事发生，所以“歸妹”就是一个婚姻的卦相，也就是和合之相。

当归即思夫：女性在本质上是一家之主

中药里有一味药叫“当归”，“当归”是女性用来补血、活血的药。《本草纲目》中记载：“当归调血为妇人要药，有思夫之意，故有当归之名。”唐诗有云：“胡麻好种无人种，正是归时又不归。”正应当归之名。常有“远望当归”之语，指盼丈夫、游子早日返家。现在农村的问题，很大一部分是留守问题，老弱妇孺在家，青壮年劳动力在城市打工挣钱，家里人亦常思游子“当归”。

如果家里没有女性存在，那么这个家就是不完整的，没有生活气息；如果家里有了女性的存在，这个家就会被盘活，就让人有了“归”家的意愿。所以女性在本质上是一家之主。

“陌上花开，可缓缓归矣”

“陌上花开，可缓缓归矣”，是一句经典的话，出自五代十国时期吴越王钱镠给他夫人的一封信。其寓意为田间阡陌上的花开了，你可以一边赏花，一边慢慢回来了。潜台词是：春天都到了，你怎么还没有回来？形容吴越王期盼夫人早日归来的急切心情。这个句子可以仔细体会，意境非常之美。吴越王虽“目不知书”，但语切情真。后来苏东坡又延伸创作了三首凭吊之诗：[1]

（一）

陌上花开蝴蝶飞，江山犹是昔人非。

遗民几度垂垂老，游女长歌缓缓归。

1　出自苏轼的《陌上花三首》。

（二）

陌上山花无数开，路人争看翠軿[1]来。

若为留得堂堂去，且更从教缓缓回。

（三）

生前富贵草头露，身后风流陌上花。

已作迟迟君去鲁，犹教缓缓妾还家。

1　軿，读音 píng。

王

能沟通天地人的人才是『王』

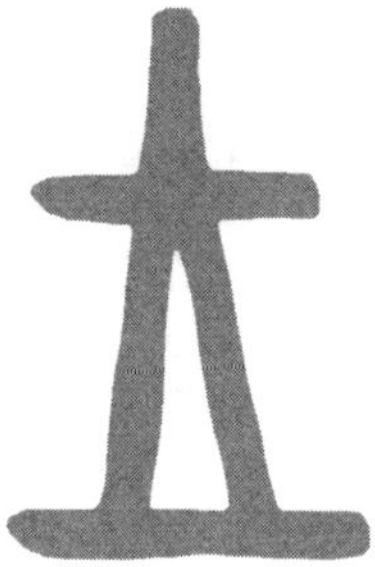

本义:“士”中最优秀的人

“王”在甲骨文和金文中的写法略有不同。甲骨文是，像一个人顶天立地站在土地上，它和士兵的“士”是同源字，早期“士”代表着战斗力很强的人，而“王”是“士”中最优秀的人，所以“王”是超越“士”的。

中国台湾的许进雄教授则有不同意见，他认为“皇”是有羽毛的帽子，“王”则是去掉羽毛的高帽形，利于作战。[1]

“王”的金文和武器有关。大部分专家认为，“王”是指在战争中用到的最大型的战斧。而拿着巨大战斧的人后来就引申为“王者”，就是最厉害的人。

1　参见许进雄《文字小讲》。

后来孔子把“王”义理化，即“一贯三为王”。用“一”把“三”贯穿起来，就是“王”。“一贯三”意喻沟通天、地、人，而能沟通天、地、人的人就被称为“王”。

到了汉代，董仲舒说上面一横代表天，中间一横代表人，下面一横代表地。儒家用义理的方式对“王”进行了阐发，也为“王”增加了新的哲学内涵。

“内圣外王”

古代的哲学非常讲究“内圣外王”。内心世界追求一种内在超越、自我成长和自我完善，这就是“内圣”。“内圣”的外在表现就是“王”，内圣则能外王。一个圣贤之人因其学问广大，由内至外的光明，必然兼具济世之能，由此才可以平定天下。

所以内圣外王对应的是“修齐治平”。“修身齐家”被称为“内圣”，而“治国平天下”被称为“外王”。我们古代的贤人通常是从“修身齐家”开始，以达到“治国平天下”；所以内圣是“体”，外王为“用”。从“内圣外王”的学说中，我们就能够体会到“王”这个字的重要性。

“哲人王”

从古至今，曾有过很多皇帝、总统，被人记住的没有几个，但是那些追求内圣的贤人往往流芳千古。比如西方有苏格拉底、柏拉图，东方有孔子、孟子、老子、庄子。

真正能够被称为“王”的人，能够知道“天地人”三才，能够懂得万事万物，能够于内在达到喜悦和平静，更能降伏内心，心平气和地对待周围的事物，这才是“王”。所以“王”代表的是一种伦理上的高度，道德上的高度，哲学上的高度，智慧上的高度。西方就把达到这些高度的人称为“哲人王”。[1]

所以真正的王者，是有着高度智慧，能够超越普通人的七情六欲，能够体会到一般人难以体会到的更高级感受的人，而不是仅仅拿着一把斧头就能被称为“王”。

---

1 出自柏拉图的《理想国》。

总释

『遐迩一体，率宾归王』

“遐迩一体”是指远和近都是一体的关系；“率宾归王”，“率”我们讲过，它有率领、统帅的意思，也有“全部都”的意思，所以“率宾归王”就是四海之内，都是臣属于王的领地和子民。

贰

CHAPTER 02

鸣凤在竹，白驹食场

“鸣凤在竹”，意思是凤凰在竹林中欢乐地鸣唱；“白驹食场”是指小白马在草地悠闲地吃草。

鸣 · 032

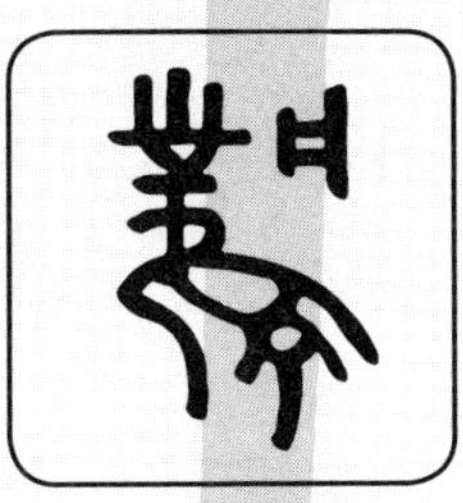
凤 · 035

在 · 037

竹 · 040

白 · 042

驹 · 045

食 · 047

场 · 050

不平则鸣

鸣

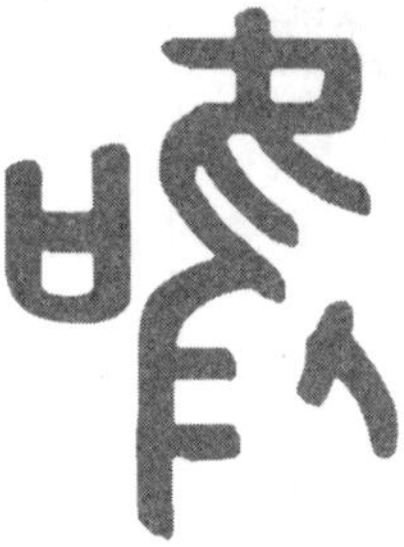

本义：鸟发出来的声音

“鸣”的甲骨文是，左边是“口”，代表声音；右边是“鸟”（鳥）。简体字的写法是根据草书的字形变化而来的。

“鸣”代表鸟发出的声音。

“鸟鸣山更幽”……

“鸣”在古代诗词中经常出现，比如李白的“挥手自兹去，萧萧班马鸣”，[1]描述了在送别时，连马也发出依依不舍的鸣叫声；陶渊明

1 出自李白《送友人》。

的“狗吠深巷中，鸡鸣桑树颠”，[1]表达了一种“归园田居”的状态；还有王维的“蝉噪林逾静，鸟鸣山更幽”，[2]这是一个中国山水画的场景，不急不缓表达出自然界的天籁之声，自然界有昆虫的声音和鸟鸣的声音，却显得愈发安静了；所以说，这是一个非常具有哲学意味的画面，以声音衬托寂静。

在中国古代的自然文化意境中，非常重要的一点是“鸟鸣山更幽”。在形容大自然的寂静时，我们必须突出“有声”，因为有了声音反而更显安静。把“此处无声胜有声”反过来用，是“此处有声胜无声”。要表现安静，就要有自然界发出的声音，比如鸟鸣就是一种天籁之音，还有秋天的蟋蟀发出的窸窸窣窣的声音，还有海浪、波涛的声音，这都是天籁之声，大自然中自有大音希声。

古人说“不平则鸣”，也说“鸡鸣狗盗之徒”。同样一个“鸣”字，有哲学的意味，有褒义的用法，也有贬义的用法。

在唐朝文学家韩愈所著的《送孟东野序》中，有“大凡物不得其平则鸣”之语。在这里，“鸣”的意思是讨说法，或者私下里抱怨。如果是在职场上，恐怕还是私底下抱怨为多，甚至于消极怠工。

也有一种鸣是“大鸣大放”，炫耀成绩，广而告之。所以“不平”有两层含意：亏了，是不平；赚了，也是不平。亏了就抱怨，赚了就四处宣讲，这都是“不平则鸣”。这是动物性，也是我们修身要注意的：别人不平则鸣是天性所致，要宽厚待之；但修身者无论是处在低

1　出自陶渊明《归园田居（其一）》。

2　出自王维《入若耶溪》。

处还是高处，都要泰然自若，不平时如履平地宠辱不惊，要有“反求诸己”[1]的能力。

“鸡鸣狗盗”

战国时，齐国孟尝君被秦国扣留。他的一个门客装成狗在夜里潜入秦宫，偷出本已献给秦王的狐白裘并献给秦王的爱姬，秦王对爱姬言听计从，孟尝君才得以被释放。他逃至函谷关，半夜城门紧闭，需鸡叫时分才会开关，他的另一个门客学公鸡叫，骗开城门，才得脱险逃回齐国。[2]后来人们用“鸡鸣狗盗”比喻微不足道的技能。后来多用作贬义，指一个人没什么本事，只会一些不入流的旁门左道。但是别忘了，有时候“旁门左道”也能救人的性命。

---

1 出自《孟子·离娄上》，意思是自我反省。

2 见《史记·孟尝君列传》。

凤

富贵华美的象征

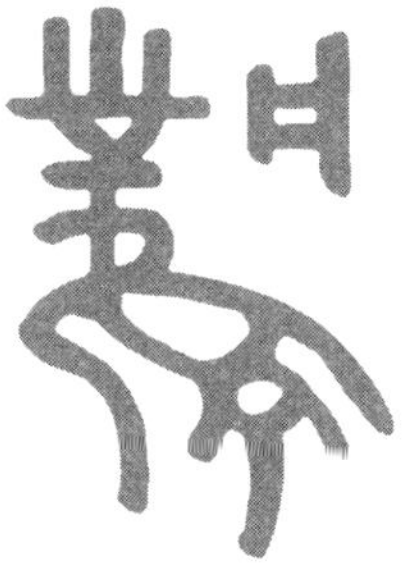

本义：传说中的雄性神鸟

“凤”是传说中的神鸟，体形庞大，隐匿在云、雾、风中。凤鸟是中国的原始图腾之一，有着很吉祥的寓意，是一种美好的象征。

“凤”（鳳）的甲骨文是，其写法比较复杂，表示凤鸟长长的翅膀和羽毛。后来在金文中，把羽毛单独标示出来，表明了“凤”头上的冠。

人们把各种鸟类最鲜明的特征加诸其身，称之为“凤凰”；雄鸟为“凤”，雌鸟为“凰”，因而才有“凤求凰”一说。凤和龙相遇时，龙代表阳性，凤代表阴性，所以才有了“龙凤呈祥”。

“凤凰来仪”“凤凰于飞”

《说文解字》里提到“凤，神鸟也”，它的形象是“麟前鹿后，蛇头鱼尾，龙文龟背，燕颌鸡喙”，说它“五色备举”；“凤出于东方君子之国，翱翔于四海之外，过昆仑，饮砥柱”。“凤”对国家代表着“天下安宁”，对个人则象征着富贵华美。《尚书》中也有“凤凰来仪”之语，意思是凤凰来舞，仪表非凡。《诗经》中有“凤凰于飞”，凤与凰在空中相偕而飞。这些都是美好的象征。

“凤”通“风”

古人认为，由于天上凤凰飞过，所以带来了风。因此，“风”和“凤”在古代是通用的。

“风”和“凤”字音相近，但要注意的是它们的来源是不一样的。“风”和“凤”都是发“凡”的音，“凡”是它们的声旁。风的繁体字是“風”，里面看似是“虫”，但其实不是虫，是云有气流的样子，在发展的过程中发生了讹变，写作了“虫”；“凤”的繁体字写作“鳳”，里面是一只鸟。

在

有房子住才算在

本义：活着，每个人都需要一个立锥之地

“在”的金文是 。左边是支撑房屋结构的栋梁，右边是“土”，意思是土地、泥土。“在”的左右结构合起来就是，在居住的土地上盖了一间房子。所以“在”指的是我们每个人都需要一个立锥之地。

要在某个地方扎根，
首先要在这里有一个房子

大家想一想，为什么对现在人来讲，房屋是刚需呢？拥有很多房子的人，也就是房东，相当于以前的地主，当今的房东就是古代的地主。中国人对房子向来有解不开的情结，只有当居者有其屋，就是在

这儿生活要有自己的房子，人的内心才会安定，才是安居乐业。所以古人就有这种智慧，要在某个地方扎根，首先就在这个地方拥有一间房子。

与“在”有关的喜事——搬家、乔迁、盖新房

从古至今，盖房子都是一个大事，古时候盖房子上梁的时候要放鞭炮，还要请人吃饭。盖新房、结婚、考上大学，这是人生三件很重要的事。考上大学意味着事业迈出了第一步，结婚意味着人生迈出了很重要的一步，而盖房子意味着新生活的开始。所以搬家、乔迁、盖新房都是很重要的喜事，这些事都和我们现在说的“在”有关。

你“存”“在”吗——中国人的存在主义

“在”是空间上的，代表我们要搭建一间房子住；“存”则代表时间的延续性，表示要在搭建的房子里繁衍后代。

中国人将“存”（繁衍）、“在”（容身）两个字连起来，就把时间和空间都囊括进来了。所以中国人非常讲究人伦道德，讲究千秋万代子子孙孙无穷尽也，这是中国人的存在主义。而西方的存在主义，则一直强调“我在”，比如说“我思故我在”，[1]但这种存在经常会体会到一种虚无感。从克尔凯郭尔到尼采、萨特，这一路下来，都想把人的

1　语出法国哲学家笛卡尔。

权利，从神那边、从集体那边，拉回到个人这边。西方的存在主义注重个人的感受，将个人的感知、个人内在的感受与理性、逻辑相提并论。

东西方皆有存在主义，但是东方的“存在”就比较有智慧，而且比较接地气。中国的存在更加注重延续性，而西方的存在更加注重个人的孤独、恐惧，也就是个人的意识状态、感受力和体悟。西方的存在主义以人为中心，尊重人的个性和自由。人是在无意义的宇宙中生活，人的存在本身也没有意义，但人可以在原有存在的基础上自我塑造、自我成就，活得精彩，从而拥有意义。

所以我们理解“存在”，理解“在”这个字，就能知道中国和西方对于“存在”的不同理解。

宁可食无肉，
不可居无竹

竹

本义：一簇簇竹叶

“竹”字的甲骨文是，是竹叶向下低垂的样子；低垂的竹叶多了，就变成了竹子。所以“竹”和“草”的写法相反，“草”是几片叶子向上长，而几片叶子往下垂就变成了“竹”字。因此“竹”是象形的写法。

现在的“竹”字，实际上是把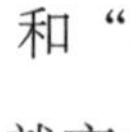拉长了，把竖拉长后就特别像是竹竿。所以“竹”就像是一根竹枝条伸长上去，上面有几片叶子。

所有竹子旁的字都是从“竹”引申而来的，比如“笑”

所有竹子旁的字都是从“竹”引申而来的，比如“笑”这个字。

“笑”的上面是竹字头，下面是“夭”。“夭”表示一个人在跳舞的样子，而“竹”是一个人吹奏竹子做的乐器。

“高风亮节”“宁可食无肉，不可居无竹”

中国的传统文化很注重“竹”，比如说竹子一节一节代表着高风亮节，竹子内部的中空代表着虚心，竹子被风吹过时的逍遥潇洒又代表着清雅脱俗。

苏东坡说：“宁可食无肉，不可居无竹。”有一年我在家里写春联的时候，写到一副春联是“食有肉不忘芸芸事，居无竹常修谦谦身”，在这里就用到了“谦谦君子”和“芸芸众生”。“谦谦君子”是竹子的化身，“芸芸众生”代指劳苦大众，意思是即使你顿顿食肉，也不要忘记没有肉吃的人；即使你居住的地方没有竹子，也要以君子之行约束己身。

你有胸有成竹的能力吗

北宋时期，文同是画竹子第一人，竹子画得最好。这是因为不论是刮风下雨还是大太阳天，他都会去观察竹子；久而久之，对竹子的一切形态都熟稔于心，所以每次画竹，他都显得非常从容，画出的竹子无不逼真传神。苏东坡说他真正能做到“胸有成竹”。

在生活与工作中，我们一定要训练自己胸有成竹的能力，这需要大量的训练。

白

做人要做到『虚室生白』

本义：辩白、辩解

“白”的甲骨文是，代表着舌头，表示舌头拨动得很快的样子。有个成语叫“巧舌如簧”，意思是说有的人能说会道，舌头灵巧如乐器中的簧片。

最早的“白”，意思是把话说清楚，让别人听着很清晰、很流畅。所以有念白、唱白、白话等词语。白也有辩白、辩解的意思。

这个字除了像舌头外，也像大拇指的样子，[1]可能白最初的含义是指大拇指，也就是序列“第一”之意。“白”通“伯”，表示是第一、老大。

也有人认为，白的甲骨文是米粒的样子，所以白指米粒的白色。

1　郭沫若认为“白”是拇指。

迄今为止，白的初始构形一直有争议。

“清楚”“白色”“空白”“白搭”

“白”的词性在后来发生了转移，转移成“清楚”，“清楚”就是“白”的引申义。随后，“白”进一步引申成颜色，即“白色”，因为这个颜色非常明晰。再进一步引申就是“空白”，即空的、不存在。最后，又引申成无价值的，没有代价的，比如说“白搭”。

“小白脸”“白脸”

我们都听过“小白脸”，其实“小白脸”还另有深意，不仅仅是说一个小伙子样貌很帅就叫小白脸，“白”还代表巧舌如簧，代表会说话，会哄人，会哄骗人。所以“小白脸”的“白”，不仅仅作颜色讲，同时也意喻着这个人会哄骗别人。

另“小白脸”的“白”和戏曲中唱白脸的“白”，意思又不一样。戏曲中的白脸往往是指奸臣、奸相，比如曹操，他的形象在戏曲里就是一个白脸。

“虚室生白”

有一个成语叫“虚室生白”，意思是一个空间很空虚，什么都不放，反而能够显出光芒来，其中的“白”指的是光芒很亮。“虚室生白”往往形容一个人虽然物质很贫乏，但是人格非常有魅力，形容他所处的环境让人感到如沐春风。

《庄子·人间世》有言："瞻彼阕[1]者，虚室生白，吉祥止止。"意思是说把房间里的东西都腾空，房子自然就通透明亮，令人舒服。比喻人如果静下来，把心里的杂念去掉，致虚守静，生慧明道，吉祥福祉就会降临。

"急赤白脸"

有一句俗语叫"急赤白脸"。"急赤白脸"不是说把脸说白了，而是说他在白话，[2]不停地在白话，即不停地使用舌头并让它振动，让舌头发出声音。所以"急赤白脸"的"白"不仅代表颜色，也代表声音，这是中国汉字一个非常微妙的地方。

---

1 念 què，空之意。

2 北京俚语，读音是"bái hua"，意思是聊、侃，特能聊，特能侃。一般指说话没谱儿或说话不着调的人。

驹

千里马常有，
而伯乐不常有

本义：小马

“驹”（駒）的金文是  。

《说文解字》里说：“马二岁曰驹，三岁曰駣（táo）。”意思是小马两岁的时候称为驹，小马驹能独立生活，站稳走路；到三岁的时候就称为駣，駣有能跑的意思，意思是三岁的时候小马驹就已经能够跳跃奔跑了。

白驹过隙，时光匆匆

庄子特别喜欢用马作比喻，他说：“人生天地之间，若白驹之过隙，忽然而已。”[1] 意思是人在天地之间，就像日影穿过间隙，一瞬间的事而已。白驹在这里指代日影；过隙表示时光短暂，匆匆流逝。

时间是相对的，有人觉得长，有人觉得短。放到宇宙空间，人生很短；相比蝼蚁，人生又很长。

庄子用“白驹”指代日影，用“野马”指代日影照射下的尘埃。这是他的想象力在发挥作用。“野马吹万”是指尘埃游离，风吹万窍，万物化生，竞相变化。

《诗经》中歌颂白驹

《诗经·小雅》中有首诗叫《白驹》，里面提到：“皎皎白驹，食我场苗。……皎皎白驹，食我场藿。……皎皎白驹，贲然来思。……皎皎白驹，在彼空谷。”

意思是说，美丽皎洁的小白马呀，你怎么来吃我种的菜了呀，吃我种的豆叶了呀？小白马你就这样施施然来了，然后又跑到别的旷野里去了呀。

白驹常指志趣高远的人，因此不可挽留。

1 出自《庄子·知北游》。

食

民以食为天

本义：吃东西的动作

“食”的甲骨文是，代表吃东西的动作，是三段式结构。上面的是朝下的口，代表张开大口吃东西。下面的两点可能是指唾液，或是食物散发的热气、香味。最下面的结构代表盛着食物的容器。

在后来的发展过程中，的最下面经过了变形处理，变得像“汤匙”的“匙”。因此“食”的最下面其实是“匙”的变形，“匙”就是汤勺。“食”最上面的依旧代表向下的“口”，中间的一点代表唾液，代表盛饭的容器，最下面的代表“汤匙”。所以“食”字完整地表达了人们的进食状态。

当然，把一个象形文字这么逐一拆解，是后人的形象思维发生作用，为了便于理解。但这个字的确非常形象，能够一一对应。

“饭”“食”“餐”“享”的区别

用手抓着食物吃就叫“饭”。“饭”的左边是食字旁，右边是“反”，“反”是“扳”的意思，扳过来就是抓过来。因此“饭”最早的含义是用手抓着食物吃。

正餐叫作“食”，是指有主食，有汤喝，很正式的一餐。所以说用手抓着吃，就像吃汉堡，只能称之为“饭”。炒个菜打个汤，比较正式才能叫食。也可以理解为快餐是饭，大餐是食。

有鱼有肉，有山珍海味，叫“餐”，因为餐的甲骨文中有表示吃残骨（山珍）和水贝（海味）的图示。而供奉祖先，让祭拜的神吃就称为“享”。“享”是指朝向阴间祭拜，并供奉食物。仪式完毕，也会撤下供品，分配给众人，称为“分享”，有时候也叫“享受”。但这种时候毕竟是少的，众人都很珍惜。不像现在，天天都在“享”，月月都在“享”。“享”现在是给活着的人，给神灵则只是走个形式，意思一下。

君子谋道后还愁食吗

既然提到了“食”这个字，就不得不提到“民以食为天”，能吃饱肚子，能吃好，对于活着的人来讲是最重要的事情。因此我们说“食色性也”，渴望能吃好，能看美的东西，这是人的天性。

《论语》中说，“君子谋道而不谋食”，意思是君子即便饿着肚子，没有吃的，也要去谋道。“道”指的是天道，是大自然的规律，是人伦道德的规律，所以是“君子谋道而不谋食”。

“君子”是相对于人民来讲的。普通老百姓是以能吃饱肚子，能吃好作为最大、最重要的道理，作为最重要的天道。所以说“民以食为天”就是“民以食为道”。

而君子不是这样，君子是谋道而不谋食，君子作为一个比普通老百姓境界高的人，必须去顺应天道，必须承担起替天行道的责任和义务。为什么这么说？因为君子是古代的贵族，放在今天则是精英阶层或是领袖阶层。他们受的教育就是如何带领民众前进，而不是如何谋饭（工薪阶层）。

我希望大家都能够以“君子谋道而不谋食”作为自己的座右铭。其实你谋到道了，也就有“食”来供养你。所以说“谋道”比“谋食”要高级得多，也重要得多。

场

本义：打谷场，祭神的地方

“场”（場）的金文是，其左边是“土”，右边是太阳（陽）的“昜”。“土”加“昜”，意思是太阳能够照射到有温度的土地，所以是用来晒东西的。

“昜”加水字旁就是“汤”，指温度很高的温泉；加木字旁就是杨树的“杨”，是朝阳的树；而“场”，是能够晒东西的地方，所以“场”是打谷场的意思。

东汉的许慎在《说文解字》中说明，“场”是指道场，也就是祭神的地方。许慎的说法在造字的本义中没有体现出来，但是他的说法显然提升了“场”的意涵。

所以“场”有两层意思：一个是打谷场，一个是道场。

无处不成场
——“磁场”“电磁场”“统一场”

后来物理学家就把“场”用上了，比如说“磁场”“电磁场”，指的是在一个场域有磁力发生作用，像南极和北极之间就是一个巨大的磁场。

理论物理学家还把整个宇宙称为统一的能量场，称为“统一场”，是以整体的方式来考虑宇宙的起源、宇宙的爆炸，以及时间的产生。“统一场”是一种整体式的统一能量场，能量在“统一场”中能相互转化。

还有，法国的社会学家布尔迪厄[1]把物理学的“场域”引入到了社会学当中。比如在美术馆现场就会形成“场”，在这个“场域”中除了有人才、资本、智力、组织管理之外，还会形成一些人群流动，有人来买卖，有人来欣赏画作，有人来组织管理，因此就形成了艺术品美学“场域”。如果在图书馆，又会形成知识交换的场域。

“开轩面场圃，把酒话桑麻”
——“场”是现实场，也是精神场

田园生活一直是中国的传统，是人们向往的人与自然和谐相处的

1 皮埃尔·布尔迪厄（法文原名 Pierre Bourdieu，享年 71 岁），当代法国最具国际性影响的思想大师之一，著名的哲学家和社会学家。

状态。渔樵闲话，生活得很安逸，很适当，不奢侈，而且精神非常自由，非常丰富。

唐代诗人孟浩然是著名的田园诗人。他的一句诗“开轩面场圃，把酒话桑麻”[1]非常具有生活气息。“开轩面场圃”的意思是，打开门就看到了一块儿场圃，这块场圃是一块儿空地，能够晒东西，晾衣服，晒谷子。旁边是圃，圃里种着菜，种着花，种着小树。所以开轩面场圃，就是一推开门，我家就是一块田地，在这块田地小朋友可以玩耍，大人可以晾衣服，也可以晒东西。同样，我们在这块田地里也可以做点臭豆腐，做点酱豆，晒点干货，这是在农村经常看到的场景。

“把酒话桑麻”，“桑”是指桑树，“麻”是指用来织衣服的麻。意思是亲戚朋友来了，或者邻居来了，谈一谈今年的收成，树长得高不高，田地里的粮食的产量怎么样。

读到这句诗，我们的脑海里就会浮现出一幅很生动的画面，非常具有田园生活气息的场景。

从陶渊明、孟浩然到宋代的范成大，这一路下来把中国的田园诗推到非常空灵，但是又非常接地气的状态。所以这么一个场地，所表达的不仅是一个现实场，更是一个精神场——乌托邦不在别处，就在日常琐淡的生活细节中。

1 出自孟浩然《过故人庄》。

总释
『鸣凤在竹，白驹食场』

“鸣凤在竹”，意思是凤凰在竹林中欢乐地鸣唱；“白驹食场”，是小白马在草地悠闲地吃草。

有人问，“鸣凤在竹，白驹食场”很朗朗上口，为什么翻译成白话文就觉得没味道了？当然，凤凰在竹林中欢乐地鸣唱，小白马在草地悠然地食草，肯定没有“鸣凤在竹，白驹食场”有蕴味，没有它朗朗上口。

这是什么原因呢？为什么很多句子用白话文表达就索然无味，而用比较简练的四个字一句，五个字一句，这种古典一些、文言一些的形式表达，就会觉得信息量很足？

这是因为汉字相较其他语言文字，具有凝练、简洁、蕴藉、概括性强的特点。《千字文》是四字一句，两句对仗。这样一来，显得铿锵有力，便于记诵。如果用大白话来解释，就会索然无味，意蕴内涵被稀释掉了。“大白话”在于通俗，让人明白，这是它的优势，也是它的缺点。“文言文”呢，比较典雅、概括，但又脱离大众口语，理解起来相对困难。因此，我们提倡将白话文和文言文结合起来学习。文言文是以“字”为基本结构，白话文是以“词”为基本结构。文言文常常一字多义，故有义理，但也多误解，这就需要用白话文去阐释和论述。白话文易懂，但也容易流于浅显，因此需要文言文去加深意味和内涵。如果一篇文章，能做到“文白交杂”，既没有文言文“酸”的毛病，也没有白话文“浅”的毛病，那将是一篇绝佳的文章。

我们在写作时要文言文和白话文并重，要同时学习，因为白话文是我们以前的口头语言，尤其到明清以后，我们更多使用的是方言；而在书面语系统里，我们更多使用的是文言文。因此，要想我们的写作更好，就必须进入经典的、古典的文言文系统。如果你希望你的写作更通俗，那么就要好好掌握白话文系统。

要想写作出色，不妨去留意一下名作家写作中白话文和文言文相交杂的语言特征，像鲁迅、老舍，他们白话文的写作之所以好，是因为他们有旧学的工具，文言文的功底好。

叁

CHAPTER 03

化被草木，赖及万方

“化被草木，赖及万方”，是颂扬君王、君主的一句话，意指君主很圣明，他的恩德能够遍及万事万物，润泽大自然中的一草一木。

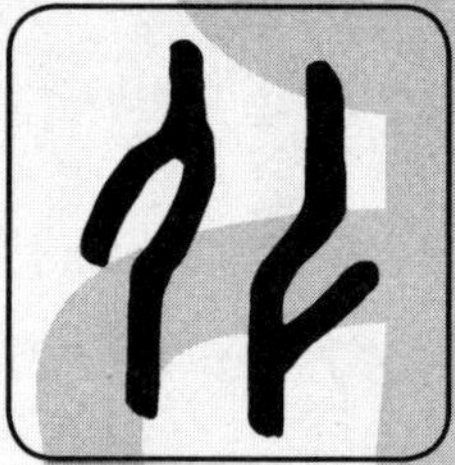

化 · 058

被 · 062

草 · 065

木 · 069

赖 · 072

及 · 075

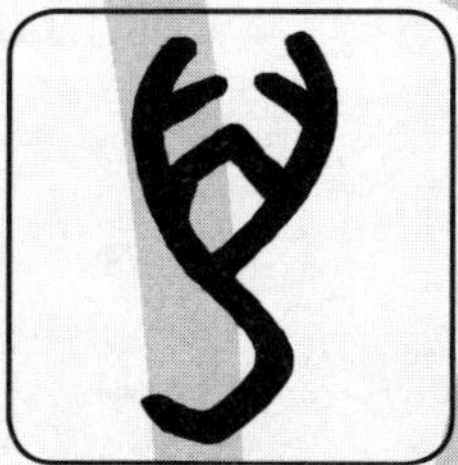

万 · 078

方 · 081

化

人生苦短，需要很多『化境』才能挺住

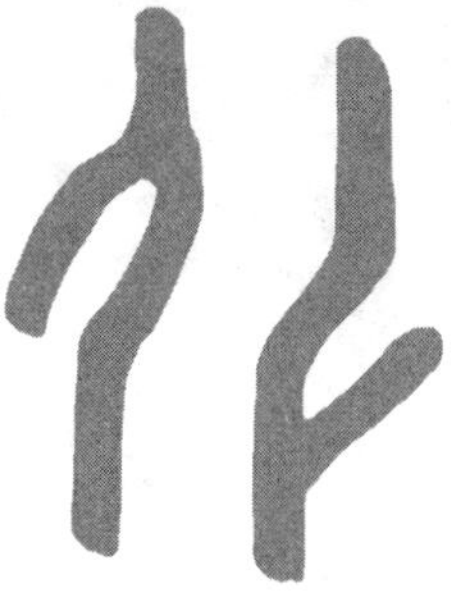

本义：一个人从出生到死的全过程

“化”（）的甲骨文左边是竖着的人，单人旁；右边是倒过来躺下的人。[1]一个竖着的人代表活着，一个躺倒的人代表死亡，因此“化”的本义是一个人从出生到死亡的全过程。由生入死的过程就称为“化”。

千变万化，不离其宗。也有人认为，“化”的左边是一个站立的人，右边的“匕”代表跪着的人或爬行的人，因此“化”代表着“进化”，指人从爬行，不会走路，进化到可以直立行走的过程。这种说法也能解释得通，但主流观点还是认为“化”是指生命的变化，是从生到死的全过程。

1　后来在篆文到隶书的转化中，就变成了“匕”。

生命在一天天地消长，一天天地变化。早晨八九点钟的太阳是少年，到了中午就是人生的青壮年，到了傍晚是人生的暮年，垂垂老矣，生命逐渐衰弱，最后呼吸停止，入土为安，我们就要进入另外一个变化中。因此我们每个人都要去想生和死的关系，它其实就是“化”。所以，道家认为，生命从生到死的过程就像是大的化学炉中，不停地变化，直至死亡。佛家把生命“化”的过程，称为“成、住、坏、空”，“空”就是“四大皆空”，地、水、火、风这“四大元素”各自分离，人就死亡了。这是必然的过程。因此，看淡生死、随缘任运很重要。

“消化”

“化”可以引申为“消化”。把食物从固体变成液体，称为“消”；把液体运送到身体的各个部位，变成营养，就称为“化”。所以“消化”的“化”是吸收的意思。我们现在把“消化”称为“消”，把吸收称为“化”，其实“消化”里就已经包括消化和吸收的意思。这就是文言文和白话文的微妙区别。

变化之道：“物生谓之化，物极谓之变”

《黄帝内经·素问》中提到“物生谓之化，物极谓之变”。出生就是“化”；而“物极”就是生命生长到了极点，就会“变”，这就是变化之道。

事实上，有两个学科也是讲变化之道的。一个是物理，讲“变”；一个是化学，讲“化”。所以说科学也是变化之道。无论是“变”（物理），还是“化”（化学），都含有数理，都有数学。

“赞天地之化育”

《易经》就是讲变化之道，因此我们想要懂得什么是“化”，就要研究“群经之首”——《易经》。“易”是讲变化之道。我们经常说整个宇宙是一个化学炉，就像炼丹一样，大家都在这个化学炉里运化，就像是“大化流行”，意思是天地一直在变化，在运转。我们说“赞天地之化育”，[1]是指要协助天地去完成化育万物之道，这样一来，“则可以与天地参矣”，[2]就可以向天道看齐，悟得上天对你的启示。

“纵浪大化中，不喜亦不惧”

我们既有感化别人的时候，也有教化别人的时候。陶渊明有一句诗：“纵浪大化中，不喜亦不惧。”[3]意思是，我这个人就在天地之间的大化学炉里浮浮沉沉，既没有什么好高兴的，也没有什么好恐惧的，更没有什么好悲伤的。这是陶渊明平静面对一切的态度，他有着拥抱一切的豁达与信心，能够冷静地面对生老病死，面对荣辱和人生的大

---

1 出自《中庸》。
2 出自《中庸》。
3 出自《形影神三首》。

起大落。所以我们都需要达到陶渊明的境界。陶渊明的这个境界，我们就称之为人生的“化境”。

向死而生——从新的起点出发

我推荐大家看一本书，看了之后一定会受用，它就是《西藏生死书》。《西藏生死书》可以解决一个问题：我们从哪里来，要到哪里去；我们为什么出生，为什么会死亡。

现在，我们非常缺少关于生命的教育，我们不知道怎么生，不知道怎么死，然而我们都在向死而生。所以，提早接受与死亡相关的教育和训练是很有必要的。这样，当死亡来临的时候，我们才可以不哀叹，不悲伤，才可以非常平静地迎接死亡，迎接终点，因为那是我们下一个出发的地方。

被

你是被动的人
还是主动的人

本义：睡觉时盖在身上的被子

“被”最早见于金文。

“被”的含义是睡觉时盖在身上的被子。古时候的被子，又叫“寝衣”。睡觉的床是寝具，寝衣不是睡衣，而是睡觉时盖的被子。

古代描述“被”是“长一身有半”，意思是长度是人身体的 1.5 倍。“被”是“从衣皮声”，是指“被”有个衣字旁，是形声字，用右边“皮”的读音。在古代，“被”和“披”的发音相近，是通假字。被子的“被”发 pī 的音也是对的，发 bèi 的音也是对的。“披”作动词时指披一件衣服，如果作名词则指被子。

“皮”是指剥皮

“被”左边是衣字旁，“衣”是指有衣领的衣服；右边的“皮”非常残酷，“皮”最早的写法是一个人在开口大叫。为什么在叫？因为有人在剥他的皮，所以皮下面的“又”是一只手的样子，这只手在剥皮。

“皮”是一种酷刑，是用剥皮的手段来惩罚犯人，惩罚奴隶。因此“皮”在古代是指用手剥皮，而且剥的是人皮。如果剥的是动物皮，就用“革”。“皮”和“革”是指用手剥人类或者动物的皮。

“被”的右边为什么是“皮”声呢？因为在古代，在寒冷的冬天，鞣制动物的皮，把它做成可以遮盖、可以挡风保暖的被子，有的时候是用虎皮，有的时候是用熊皮，有的时候是用狼皮，等等。总之“被”很保暖，在冬天气温很低的地方能够起到御寒的作用，让人能够在低温下保全自己的生命。所以“被”最早的含义就是指兽皮制成的保暖用具，用来夜卧安睡。

“泽被四方”“覆盖”“遭受”

“被”的引申义是“覆盖”，因为“被”是遮在身上的。我们说“泽被四方”，就是把恩泽覆盖到四面八方。你能感受到这种覆盖的温暖，所以“被”还有“遭受”的意思。比如说某人被打了，那么“被”就是指遭受、遭遇。

被动句中的“被”是什么意思

在写文章、写诗的时候，一定要学会被动句，无论是英文还是中文中，被动句都需要高明的技巧，因为被动句需要人的大脑进行思维上的转换，所以理解被动句往往难度更大。语文老师也经常教导学生，要慎用被动句，尽量多用主动句。但是如果想挑战语言，想让语言更加具有多重色彩，我们不妨学会使用被动句。

草

君子之德风，
小人之德草

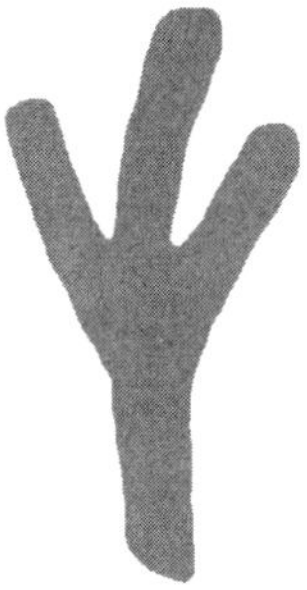

本义：小草，草丛

草虽然是自然界非常普遍的存在，但是它能够引起诗人的离愁别绪，离乱伤怀。

在“草”（）的甲骨文写法里，上半部分就像一棵小草，萌发了两片叶子。所以草最早的写法是源自于大自然中随处可见的野草。后来，为了表示“草”的样子很繁茂，就把写成了两个。

对于创造这个字的人而言，他还不满足，为了表示“草”的茂密，他后来又加了，结果就从一个，两个，到了三个，四个，最后是一丛。另外还在的中间加了太阳，象征着太阳照在草丛中。太阳照射的光芒使整个草丛更加鲜明，就是草最早定型下来的样子。

“草民”“潦草”“草创”“草草了事”“草稿”

在“草”的引申用法中，有“草民”，是指命运像野草一样的老百姓；还有“潦草”，是指不正式，比较随便、随意；“草创”也是非正式的意思，是指在正式开始之前，不那么严整；“草草了事”，还有“草书”“草稿”，也是如此，都是指非正式的文书，所以会写得非常快。

“草”的科学术语是“片状生长的禾本科植物”

“草”的科学术语是“片状生长的禾本科植物”。草不同于树木，它的根茎很柔软。我们都知道李时珍的《本草纲目》，其实李时珍最重要的代表性著作不是《本草纲目》，《本草纲目》只是一个植物的百科全书；真正研究中草药，要读他的《神农本草经》，是讲具有药用作用的植物。

“人生一世，草木一秋”

《增广贤文》里有一句话，叫“人生一世，草木一秋”。为什么会把人比喻成草呢？因为人看到草木枯荣的样子，就会生起同理心，想到自己的人生也会有兴旺和衰败。白居易在十六岁时就写下了他极其有名的一首诗——《赋得古原草送别》：“离离原上草，一岁一枯荣。野火烧不尽，春风吹又生。远芳侵古道，晴翠接荒城。又送王孙去，萋萋满别情。”也是讲述人和草之间的关系，以草喻人，但兴味变了，积极向上，虽然有枯有荣，但是春风吹又生啊，体现了“生生不息”的状态。

长安著作郎[1]顾况对初次谒见的白居易说：“长安百物皆贵，居大不易。”[2]但看了此诗之后，话风大变，对十六岁的白居易说：“有句如此，居天下亦不难，老夫前言戏之耳。”

不要认为甲骨文是初创文字或草创文字

在这里要说一句题外话，不要认为甲骨文是初创文字或是草创文字。实际上，甲骨文已经是一种非常成熟、非常体系化的文字。而且因为是写在甲骨上，用于祭祀、占卜，所以是一种比较官方且极具仪式感的文字。这和金文一样，金文是铸铭在青铜器、钟鼎上的文字，有点像后来刻在石碑上的一些字，具有非常正式、非常严肃的特点，呈现出仪式化的特征。因此无论是甲骨文，还是钟鼎文，也就是我们说的金文，都已经是非常成熟的文字，已经自成体系。

因此，我们现在是用一种成熟文字推导出另外一种我们正在使用的“活的”文字。

面对文字的来源，我们要搞清楚以下几点：第一，甲骨文是成熟文字；第二，在甲骨文之前应该是有百花齐放的各种区域性文字，有

1 著作郎是官名。始于东汉末，属中书省，工作是编修国史。在晋惠帝时将其改属为秘书监，称大著作郎。南朝末期，多是贵族子弟初任的官职。

2 这一句是顾况拿白居易的名字开玩笑，意思是长安城什么东西都贵，要想定居于此是非常不容易的。

少数民族的文字，有不同的地方所使用的不同文字。直到秦始皇统一天下，“书同文，车同轨”，文字和度量衡都统一了，才形成了中央一统天下的局面。中央一统天下，贵族封建这种分封体制慢慢衰落后，就改成了中央集权的郡县制。由此，我们可以想象，在两千多年前，我们的语言文字，还有我们的礼仪，都已经非常发达。而我们现在通过文字致敬古老文明的同时，也要知道中华古老文明在两千年前就已经高度发达了。

木

不要去做不可雕的
朽木和无本之木

本义：扎根于土地的树

“木”的甲骨文是，表示上面有枝干，下面有根系的一棵树。所以“木”的造字本义是扎根于土地的树。金文和篆文都沿续了甲骨文的字形，尤其是后来演变到隶书，就和我们现在的简体字非常接近了。

“冒地而生”“东方属木”

《说文解字》中说：“木，冒也，冒地而生，东方之行。从屮，下象其根，凡木之属皆从木。”翻译成白话文就是，“木”是冒突的样子，从地底下生长出来，叫“冒地而生”。它在五行当中属于东方，也可以说东方属木。

“无本之木”“本末倒置”“未”“来”

“本”下面的“一”是树根部位的指示符号，表示树在地下的营养器官，所以“本”是指树根、根本。“无本之木”就是指没有根本，没有根的树木是靠不住的。

我们也不能本末倒置。本末倒置是什么意思？“末”是指末梢，是在“木”的上面加上指示性的符号。“本末倒置”是指原因和现象颠倒、因果关系颠倒、主次颠倒。“本”“末”都和“木”有关，都是从“木”上生发出来的。

“未”是“木”上面加“一”，是指树中间的位置，“未”的意思是枝叶很茂盛。我们说一个人有没有未来，就是说你的未来是不是很茂盛。

前面已说过，“来”是指小麦，“未”指的是很茂盛，生长得很茂密，所以“未”和“来”的寓意都很好，两者结合在一起就是很茂盛，有吃的，有所依靠，合起来才叫“未来”。如果树比较多，就称为“林”，林子大了就称为“森”。

不要做不可雕的朽木、无本之木

“木”是一个非常重要、非常具有根本性的字。读懂它的本义，再联系到我们做人的道理，我们就知道，做人不要去做不可雕的朽木及无本之木。

一棵树无论长得多高大，在地下种子萌芽期，一定有一股向上的生命力，因为它要看到世界，拥抱蓝天。但是等它茁壮成长之后，它的生命力就不是往上走，而是向下走，它是在扎根，因为它知道自己根系扎得越深，它的树盖才会越大。

一颗树，在最后不是靠向上的生命力，而要靠向下扎根的生命力，在地下黑暗之处扎得够深，才意味着你的枝条和树冠，能够像盖子一样笼罩四方，能够泽被苍生，能够对后人有所贡献。

一棵大槐树可能佑护一家人，千百年的树木可以佑护一个宗族和村落。所以大树、历经千年的树，我们都把它作为神灵去看待。

鲁迅的父亲为什么给他起名周树人，正所谓“十年树木，百年树人”矣。

做一个值得信赖的人

赖

本义：人驮着满袋子贝壳，心有所恃的样子

“赖”（赖）从古至今的变化并不大，从金文到篆文，再到隶书，都很容易认出“赖”。

在“赖”（）的金文里，左边是“束”（），是一个布袋两边的口扎起来的样子。所以，“束”的本义是指旅行时用的布袋，把两边的口扎起来背在身上的行囊。

“束”在“赖”中起着声旁的作用。“赖”的形旁是“负”。“负”的意思是背着贝壳，[1]背着贵重的物品。

那么，“赖”是什么意思呢？左边是个袋子，右边是代表贵重物品的贝壳。因此，“赖”的本义是人驮着满袋子贝壳，心有所恃的样子。

---

1 贝壳在古时可以指实物货币。

信赖、有所依赖、无赖

“赖”这个字很好玩。为什么呢？它有两面性：一个是正面的，意思是信赖；一个是负面的，意思是无赖。

为什么在一个字当中既含有正面的意思，又含有负面的意思？因为在中国古代训诂学中，有个概念叫“反训”，就是一个字的字义可以由正面走向反面，可以由褒义走向贬义，就像画一个圆圈一样。

我们在理解一个字时，要知道它的字义有时会从本义走向反义，就是因为它被过度引申，“赖”就是个例子。

比如，“赖”如果引申成不离开、紧抓住不放——“有所依赖”，那就变成了“赖皮”“无赖”。

“最喜小儿亡（wú）赖，溪头卧剥莲蓬”

南宋辛弃疾四十岁以后隐居在江西上饶，他作了一首《清平乐·村居》，描写的是一种闲散、与世无争的田园隐逸生活：

茅檐低小，溪上青青草。醉里吴音相媚好，白发谁家翁媪？

大儿锄豆溪东，中儿正织鸡笼。最喜小儿亡赖，溪头卧剥莲蓬。

“最喜小儿亡赖，溪头卧剥莲蓬”，这里的“赖”指的是赖皮，是小孩很顽皮、很天真可爱的样子。所以是贬义词反过来用，正话反说，贬义词变成了褒义词。“亡”通“无”，“亡赖”即“无赖”。就像我们说小孩子“小坏蛋”“小混蛋”，其实都是在很亲密地夸奖他。

金钱和贵重物品是你值得“信赖”的吗

最后，要想一想自己所信赖的是什么？我们有没有自己的信仰？我们能否找到自己的使命？同时，我们要避免做一个无赖之人，要避免变成一个赖皮、赖账的人。

当然，我们身上的钞票很重要，一些贵重物品也很重要。有的时候物质能让你变得很值得依赖，很值得让人仰仗；但有的时候它也会让你变得很自负，甚至让你有恃无恐，于是就起了反作用。

一个人真正要依赖的是自己内心的强大，比如东山再起，八十岁开始种褚橙的褚时健。他走过辉煌，又经历过牢狱之灾，却还能在晚年创业，这是一般人想都不敢想的。

内心的强大是别人夺不走的，而外物无论是财富还是地位，都会随着外界因素的变化而变化。我们最能依赖的不是外界，不是外物，而是自己强大的内心力量。内心力量强大了，看外界就会从容很多，也会相信磨难只是暂时的，这样才能反转逆境。

及

警惕过犹不及

本义：用手抓住奔跑在前面的人

曾经有人给我出了一个字谜，我以为自己对汉字很了解，所以我说没问题。这个字谜是一个“人”字加一笔是个什么字？不是“大”，也不是“个”，那么它还会是什么字？后来我发现，他说的是“及”，及格的“及”，所以看来我的汉字水平还是不及格的。

研究“及”的甲骨文（）和金文（），就会发现“及”是“人”加“手”的样子。它的本义就是“用手抓住奔跑在前面的人”。

《说文解字》里也说“及”的意思是“逮”，就是追上、抓住了前面那个人。所以“及不及格”“及不及时”，意思都是到了这个线没有。“来不来得及”“赶不赶得及”，也是这个意思。

“汲”“级”“极”

“及”如果加三点水，就变成“汲”，意思是把水取上来。从井里打水，就称为“汲水”。

“及”加绞丝旁，就是“级”，一级级，拾级而上。

“及”也通“极”，“极”最早的写法是 ，代表一个人上顶天下立地，所以顶天立地为“极”。

“老吾老以及人之老”“不及物动词”“泽及万世而不为仁”“及时雨”“及第”

“及”有达到的意思。《广雅》中说“及者，至也”，意思就是达到了。

“及”还有关联的意思，比如说“老吾老以及人之老”，还有我们常说的一个词，“不及物动词”，也是这个意思。

同时“及”还有遍及的意思。比如典出《庄子·大宗师》的“泽及万世而不为仁”。

《水浒传》里，我们把宋江称为“及时雨”。为什么叫“及时雨”？是因为人们需要他来的时候他就来了，他经常在危难之际帮助别人，所以被称为“及时雨宋江”。古代还有一种说法，叫“及第”，是指在科举考试中中了状元、进士。

"过犹不及"——日拱一卒，由量变到质变

"过犹不及"是中医里非常重要的概念。"过犹不及"意指身体平衡的状态，既不能太过，也不能不及。如果整个身体的平衡被打破，就会产生内忧外患。所以，身体外部和内部发生了疾病，都是因为"不及"和"太过"。

中医讲的"不及""太过"，等同于儒家讲的中庸之道。中庸之道是在"及"和"过"之间取得平衡，增之一分则长，减之一分则短，这就是中庸的状态，最好做到"极高明而道中庸"。

我们的人生也是这样，每天都要在精进当中，同时要把握住方向，不徐不疾，不能太慢也不能太快。这样，日拱一卒，每天都在进步，慢慢地就会由量变到质变。这是我们可以从"及"字中领悟到的人生智慧。

万

本义：蝎子

“万”的繁体字是“萬”。“萬”的甲骨文是蝎子的形状（），草字头是蝎子前面两个张牙舞爪的大螯，中间是蝎子的身体，下面是蝎子的尾巴。因此，“萬”的本义是指大蝎子。

“蛊”“虫民”

在中国古代，蝎子在中原地区的丛林中到处可见。在远古时期，巫师都喜欢养虫，他们认为虫子是具有“法力”的，现在的一些少数民族还经常养虫，他们称之为“蛊”。

许慎也讲到了这一点，他说“萬”是“虫民”，后假借为数量众多，即“十千”，久借不归就把它用作数词了，而“虫子”“蝎子”的本义就消失了。

“万”或许来源于“卍”

简体字“万”的来源有两种说法：一种说法是，“万”是从草书演变过来的；另一种说法是，“万”来自于佛教符号卍，代表着无穷大，无穷的数量，“卍”有的时候也称为“万字符”。“卍”有点像道家的太极图，也可以把它看成变形的太极图，它有一个圆心，周围扇叶的结构向四面八方放射。

“万”是有神秘力量的字

说到数量众多的蝎子，可能很多人都会有一些恐怖的联想。但是对于姓万的人来讲，知道自己的姓来源于蝎子，可能会有一些力量感。为什么？因为古人会崇拜很多动物，包括蝎子。这是由于蝎子有很强大的力量感，非常勇猛。

正因为世界能够产生种类繁多的不同生物，产生出“万物”的现象，所以才有意味，有趣味。

万物有灵且美

什么叫万物有灵？灵就是意识。佛教也说“念念成形，形皆有识”，当你有了念头时，就会有具体的物质，所以“心（念）物（形）一元”。当我们理解这句话以后，再去看万事万物，我们就会看到敬畏，看到崇高，看到不一样的美，所以是万物有灵（哲学）且美（美学）。

“十”“百”“千”“万”“亿”的区别

我们在这里讲一下“十”“百”“千”“万”“亿”的区别。

“十”是指在结绳记事时，绳子上有一个系扣就称为“十”，所以“十”就相当于结绳记事的符号。

“百”通“白”，是指不停地说，说得很多。

“千”就是要去很远的地方，要迁徙、迁移，迁移的距离就称为“千”。

“万”是指数量众多，成千上万的蝎子。

“亿”指的是记忆很久远。

方

只有远方才叫『方』

本义：犯人戴着枷锁被刺配流放

“方”的甲骨文（）上面一点代表人头，中间一横代表人戴着枷锁。所以“方”的本义是犯人戴着枷锁被刺配流放。

“方位”“方向”“方言”——“方”是非常苦的一个字

由于“方”的本义是流放，而囚犯被流放的地方通常都很远，大都在边疆，因此“方”又引申成方位、方向。而不同的地方也都有区别于中央的语言，所以又引申出“方言”。

总体来讲，“方”代表着边疆和流放，所以“方”是非常苦的一个字。

“有朋自远方来，不亦乐乎”

在一些经典著作中，“方”的本义渐渐消失了，它更多是指方向、方位、地方、方言。《论语》里就说，“有朋自远方来，不亦乐乎”，有朋自远方来的“方”，就是指方位、方向、方所。

“吾常见笑于大方之家”

庄子自谦说：“吾常见笑于大方之家。”“大方之家”表面的意思是指大户人家，但在这里不是指物质财富很多或宅院占地面积很大，而是指肚子里的学问很多，有很高智慧的人。

总释

『化被草木，赖及万方』

“化被草木，赖及万方”，意指君主很圣明，他的恩德能够到达大自然的一草一木，而且能够润泽它们；“赖及万方”也是这个意思——这种恩德、恩典可以遍及万事万物、所有地方。所以这是封建时代颂扬君王、君主的一句话。

我们可以多追问一句：真正能够“化被草木，赖及万方”的是谁？当然是自然界的造物主。它给我们生命，也给我们死亡；给予我们幸福，也带给我们苦难。

肆

CHAPTER 04

盖此身发，四大五常

“盖此身发，四大五常”，是指人要具备四大五常，才能称其为人。

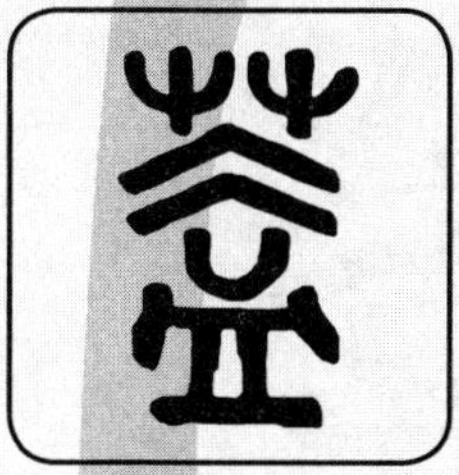

盖·086

此·089

身·092

发·096

四·099

大·102

五·105

常·107

盖

人是否需要『盖世功名』

本义：盖房子用的白茅苫（shān）

在“盍”的金文（）里，上面是一个护罩（），像人字头；护罩下面是“”（盒），因此护罩把盒子合上、关上，就是“盍”。而“盖”呢，是在“盍”的上面加上草字头——“蓋”，其春秋时期字体为。

“盖”最早的含义是用茅草盖房子，指盖屋用的白茅苫。

“盖房子”“打瞌睡”“覆盖、遮盖”

严格来讲，“盖”最初就写作“盍”，后来演化为“蓋”。上面变成了草字头，下面是个“盍”，像在盖一座房子。或者说是用茅草遮蔽屋顶，就是现在说的“盖房子”。

什么叫“打瞌睡”？“瞌”的左边是“目”字旁，右边是“盍”，“盍”是关上的意思。所以关上眼睛，把眼皮合上，就叫“打瞌睡”。

此外，“盖”还有“覆盖”“遮盖”的含义。例如盖章是把章从上面压到纸上，也就是覆盖。

古人认为天就是一个大盖子，“天似穹庐，笼盖四野”。[1]这是北方草原上牧民的经验：天空就像一顶其大无比的圆顶毡帐，把大地草原四面八方都给笼罩起来了。

“盖追先帝之殊遇”
——“盖”是“原由”，也是“大概”

“盖”经常出现在文言文中第一句话的第一个字。比如说，“盖追先帝之殊遇，欲报之于陛下也”，这是诸葛亮写的《出师表》。“盖追先帝之殊遇”，就是说先帝对我很好，我要报答他，这里“盖”表示“缘由”。“盖”也有“大概”“大概因为”的意思。

现代汉语一般解释为：盖是句首语气词，总起下文。实际上我们在学习的时候，主要靠语感，读得多了，见得多了，自然也会知道怎么运用。

1 出自《敕勒歌》。

“盖世功名将底用，从前错怨天公”

这是金朝元好问[1]的《临江仙·自洛阳往孟津道中作》中的句子，这首词我高中时会背，现在也不会忘，实在是因为它有一种好男儿志在四方的劲儿，同时又有非常深刻的对人生的领悟：功名利禄，都不在话下。而且整首词特别好记诵，读两三遍就能背下来。全词为：

今古北邙山下路，黄尘老尽英雄。人生长恨水长东。幽怀谁共语，远目送归鸿。盖世功名将底用，从前错怨天公。浩歌一曲酒千钟。男儿行处是，未要论穷通。

这里只讲“盖世功名将底用，从前错怨天公”。“盖世”在这里就是覆盖一切的意思，“底用”是何用的意思。作者感叹，即便拥有不可一世的功业名望，又有什么用处呢？从前怀才不遇满腹牢骚真是错怪了老天啊。这是作者超脱世俗的人生观。因为功名越大，烦恼欲望便也越炽，人也被束缚得越紧，洒脱不得。

1　元好（hào）问（1190—1257），字裕之，号遗山，世称遗山先生。太原秀容（今山西忻州）人。金末至大蒙古国时期著名文学家、历史学家。

此

人要有立锥之地

本义："站立所在"——站立于脚所在的位置

"此"的甲骨文是，金文是。"此"的甲骨文由两个部件构成：一个人，一个"止"(脚趾)。这两个部件有时是左右结构，有时是上下结构。表明人用脚趾站立在那里的意思。因此，"此"的本义就是"站立所在"，我站立在脚所在的位置。

后来这个字统一成左右结构了，因为上下结构和另一个字"企"很像，"企"的上面是"人"，下面是"止"，代表人踮起脚趾向远处张望。所以发展有"高企""企望"这样的词。"企鹅"走路就像踮着脚尖，故得名。

所以说，"此"和"企"，实际是有些渊源连带关系的。着重站在这个位置，是"此"；着重踮着脚尖，就是"企"了。

“在此”

前面讲过，“在”是指一个人要有休养生息的地方，要有房子住；而“此”是一个人有站立的位置。所以“在此”就是指处在一个位置，强调在这儿的意思。那么大家可以想想，如果处在某一个位置站稳了脚跟，应该怎样去说话做事。

“彼此”“此一时，彼一时”

我们经常会说“彼此”，就是非此即彼，不在这儿就在那儿，不是这个就是那个。而“彼”是双人旁，右边是“皮”，是个形声字。前面讲过，双人旁表示行走，到另外一个地方去。所以“此”是这儿，“彼”是那儿。

古人说，“此一时，彼一时”，讲的就是时间和空间的关系。时间和空间是可以发生转换的，时间能带来空间的变化，空间也能带来时间的变化；万事万物都在循环往复，川流不息。

想要延长时间，就必须节省空间

大家要记住这样一句话：时空是一体的，你想延长时间，你就必须节省空间；你想拥有更多的空间，就必须损耗更多的时间。

我们知道很多大忙人有时间去挣钱，却没有时间去消费，这是因为他的时间被压缩了，他有太多空间的事务需要处理。因此赚钱的是一拨人，消费的是一拨人，一个人没办法同时既占有时间又占有空间。

帝王将相，是占有空间的人。“率土之滨，莫非王臣”，天下都是这个帝王的。但是他们无法在时间上存留下来，到现在人们能记住的皇帝寥寥无几，所以说此一时彼一时。像孔子、老子、庄子这样的人，他们在自己的时代没有拥有多少空间，不是帝王、诸侯、将相，但是在时间的长河中留了下来。

总之，有些人活着是为了对空间负责，有些人活着是为了对时间负责。人活着，就是一个时空游戏。

身

为什么『吾要三省吾身』

本义：一个女人挺着大肚子（与“孕”是同源字）

“身”和“孕”是同源字。在甲骨文的写法中，这两个字都是表示一个人挺着大肚子，肚子里有待出生的孩子。

我们说怀有“身孕”，是把“身”和“孕”分开用的，但最初“身”“孕”是同一个字，都是指一个女人挺着大肚子。

后来专门造了“孕”字，指怀孕，从这个时候开始，“身”就没有“孕”的意思了，专指我们的身体，肉身。

“躯”

“身”加上声旁，就有了形声字，比如“躯”。“身”加上“区”是指身体的躯干部分——不包含四肢。

“躯”再加上四肢，就是一个完整的人形。“身躯”则是强调人的整个身体、肉身。

“吾日三省吾身”

“身”不仅指我们的身体，还指我们的自我意识。

比如《论语》里说，“吾日三省吾身”，就是我每天要三次、多次去反省自我。在这里，“身”不仅仅指身体，它实际上是指自我意识。我这个人每天有没有做错什么，我对朋友、对兄弟、对父母怎么样，我为人处世做得对不对，好不好。所以“吾日三省吾身”这个“身”，是指自我的状态，自我的意识，它有抽象的层面，在这里“身”指的是“身心合一”。

“身心一体”“舍刃无利”

身和心是一体的，不能脱离身而去讲心，也不能脱离心而去讲身。只有在身体强壮之后，精神才会变好；而在身体病弱时，我们的精神会变差。也就是说，没有身体就没有精神。有一个成语叫“舍刃无利”，意思是没有刀刃就没有锋利。刀刃是物质状态，引申过来就是身体，锋利则是精神状态。因此，身心一体，舍刃便无利，舍身便无心。

如何才能在世间换得身心安宁

道家《老子》中也说过:“吾之大患，为吾有身；及吾无身，吾有何患。”意思是一个人最大的疾患，最大的宠辱，以及七情六欲、惊恐、不安，都来自于我的身体；如果我脱离身体，就达到了“无我”，就没有忧患。所以《老子》讲的是一个人活在世上就必然有烦恼，有不安，有名利宠辱、七情六欲的外界干扰，会有得失之心，有分别之心。

人完全没有烦恼忧虑是不可能的，但你要知道什么时候停止烦忧，而不能一味沉溺于其中，否则便会引发身心疾患。当你处在负面情绪中时，你要意识到是在负面情绪中，不要阻止这种负面情绪，只是观察它，这种观察也叫“意识扫描”，也叫“三省”。常把有身当无身，道是无情却有情。把握这中间的微妙关系，我们的身体就会自我修复，就会获得安顿。

大家可以去体会《老子》里的这句话，体会“身”与“患”的关联。让我们的身心合一，让我们在此世能够安顿好自己的身心。

保护好自己的身体，不要让父母担惊受怕，这是“孝”的第一点

“身体发肤，受之父母。”古人对于自己的身体、皮肤甚至是头发都是非常重视的，因为它们受之于父母；如果不珍惜或者有损坏，那就是不孝。这是古人“贵身”的思想，要人们注重自己的身体。所以在中国的传统文化中，保护好自己的身体，贵重自己，不要让父母担

惊受怕，是孝道的第一点。

其次是我们要把身体，也就是把 DNA 传承下去，让身体能够去生育、发展，繁育下一代，这是孝道的第二点。

另外，把我们父母的身体保养好，赡养父母，这是孝道的第三点。

所以古时候也有一种说法，说子女不懂保养身体的方法，甚至子女如果不懂医，就是不孝；如果父母不懂得一些医学常识，就是父母不慈。这都是针对我们的上中下三代人的身体来讲的，是古人贵身的方式。甚至于民间有说法，说孩子胆小是孝，因为孩子胆小就不去危险的地方，不做危险的事情，这样受伤和磕磕碰碰的概率就小一些，不会让父母担惊受怕，父母才能时时安心。

发

好雨知时节，
当春乃发生

“髮”的本义：动物和人头上的毛发

“发”是个多音字，头发的“发”念“fà”，发展的“发”念“fā”。

它还是个合并字，本来，发展的“發”和头发的“髮”写法不同，简化字把它们合并了。

头发的“发”，繁体字的写法为“髮”，上面是“髟”（biāo），是人或动物头上长长的毛发；下面是“犮”（quǎn），是狗的意思。

“髮”的金文是，是一只犬加一个人的头部（首）。

简体字的“发”是从繁体“髮”的草书演变来的。现在的“发”和“犮”的写法相近。所以“发”和动物有关，本义为动物和人头上的毛发。

“發”的本义：助跑投枪、发出、发射

发展的“发”的繁体字是“發”。这个“發”在麻将中经常可以看到。“發”的甲骨文是 ，其上面是两个脚趾，下面是一个人手持标枪的样子，表示助跑投枪。在现代体育中，投掷标枪是一项运动竞赛；在古时，却是猎杀动物、战争中的必备技能。

“發”的金文（）在原来的基础上又增加了“弓”，即弓箭。《说文解字》的解释为：“发，射发也。”所以“發”也有发射的意思。

“髮”和“發”的区分：“结髮夫妻”“發麵”“好雨知时节，当春乃發生”

“发”是“fà”（髮）和“fā”（發）的结合。我们说“发面”的时候，如果用繁体字，就要写成“發麵”。而“结发夫妻”，是指夫妻两个很恩爱，把头发都编织在一块儿了，你中有我，我中有你，所以写成繁体就得用“髮”。

杜甫诗句“好雨知时节，当春乃发生”，此句里的“发”如果用繁体字，就要写成“發”，表示生命的力量在涌动。

怎么样才能發财

中国民间人士都喜欢“發财”，过年都要贴上吉利的红条：“出方大發。”

發财不是凭空从天上掉下来，坐在家里等来的。要想發财，首先要发力，要用劲儿，要有项目做。“好吃懒做”是發不了财的。好吃会坐吃山空，“懒做”会没有进项。因此，要想發财，就要拿出投掷标枪的勇气，要出去围猎寻找目标，要冒一定的风险，要锻炼获取生活资料和生产资料的能力和技巧，要培养命中目标的直觉，要有嗅到猎物的敏感。这都是从“發”这个字中可以学到的發财智慧。

四

『安得猛士兮守四方』

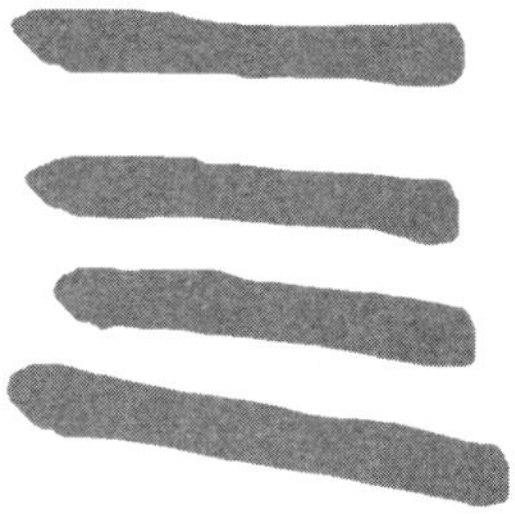

本义：切二为四

“四”的甲骨文是，一横代表一，两横代表二，三横代表三，四横代表四。但是这个“四”因为容易和“三”混淆，所以又造了一个四方形，即篆文，就是一个“口”的形状，里头一个“八”，“八”就代表分开的意思，意味着把“二”拆开为“四”。

“四书五经”“四大名著”

历朝历代的著作都喜欢用到“四”，比如“四书五经”，“四书”指《论语》《孟子》《大学》《中庸》，五经指《诗经》《书经》(《尚书》)《礼记》《易经》《春秋》。它们都是儒家的主要经典。

还有“四大名著”——《红楼梦》《水浒传》《西游记》《三国演义》。

“安得猛士兮守四方”

我们经常会讲“四面八方”“四方”，汉高祖刘邦《大风歌》有句：“安得猛士兮守四方。”可以想象，这是多么豪迈的事儿。帝国稳固之态跃然纸上——这个国家四面平定，八方稳固。

另外，东西南北，就是我们的“四面”。四面的夹角，又形成四个方向：东北方、东南方、西北方、西南方。加起来就是“八方”了。

如果“三”代表多，那么“四”就代表总和，所以有“四面”“四大”等等。四大基本元素是指土、水、火、风。

“四”的大写“肆”的由来

由于一、二、三、四、五、六、七、八、九、十，容易被修改、篡改成其他的字，比如算账记账的时候，就很容易出现财务上的问题；又比如说“传位十四皇子”会被居心不良的人改成“传位于四皇子”；[1]甚至一些贪官污吏也很容易篡改账目。因此后来又发明了数字的大写方法——壹、贰、叁、肆、伍、陆、柒、捌、玖、拾，而“四”的大写就由它的同音字“肆”来代替。

这种写法可能到唐代才出现，而后人又牵强附会，认为要把大写的数字归功于武则天。

---

1 民间传说，四阿哥胤禛是通过隆科多改写了康熙的遗诏当上皇帝的。

总之，大写的肆以及大写的其他数字，在很多方面都不容易被任意篡改了。

“肆”的本义——长长的摆设

大写的“肆”其实一直都有，其左边是“长”（镸），右边的“聿”（yù）是陈列摆设的意思。因此“肆”实际上指的是长长的摆设，比如酒肆，用的就是这个字。

中国数字的起源假说

中国的数字起源现在也是众说纷纭，其中郭沫若的说法比较占主流，他认为数字起源于劳动人民在劳动过程中用手指来计算的符号。伸出大拇指就是一，伸出食指就是二，伸出三个指头就代表三，伸出四个指头代表四，伸出五个指头代表五。因为我们有双手，合起来就有了十，这是郭氏的“手指起源说”。

陈独秀认为数字来源于《易经》的爻变，一爻代表一，二爻代表二，三爻代表三，四爻代表四，五爻代表五，六爻代表六，七爻又重新回来，所以要回到一爻的状态。因为每一卦一共只有六爻，到七就是一元复始了，所以他认为八、九都是后面造的字。《易经》是从一造到七，七就是一元复始。这目前也是一种假说。

大

为什么你当不了『大人』

本义：“人”

“大”的甲骨文是，看起来是正面的人形。叉着两条腿，两只手臂伸展开来，是顶天立地的样子。所以它的本义是“人”。

人是万物之灵

古人造“大”这个字，就是要体现人在自然界中的地位。“大”代表了古人看待万事万物的方法，这种方法是有层次感的，这种层次感来自于天、地、人三才。古人认为，人是万物之灵，正是因为有了人的参与，天地万物才有了意义；没有人，天地万物是没有意义的。这也很好地解释了，人就像一个放映的幻灯机，因为自我意识的出现，幻灯机能放映出山河大地，而人正居其间。佛教的理论说“一切唯心识所造”，也就是客体世界都是由心识这个幻灯机投影。

“人法地，地法天，天法道，道法自然”

有一句话叫“人法地，地法天，天法道，道法自然”。“人法地”是什么意思呢？意思是你要看到大地是如何承载万物、休养生息的，如何让一颗种子在土里萌发，然后破土而出，在地底下扎根的同时向上挺拔生长，最后枝繁叶茂，去拥抱天空。

还有，当你观察大地上的山川鸟兽时，你的心会与之有所感应、感通。

德要配位，有德有位就称为“大人”

古人把能够参透“天地之化育”[1]的人，称为“大人”。所以古代的“大人”和我们今天所讲的“大人”是不太一样的。

古代说的“大人”是指有德有为的人：第一，要有很好的道德品质；第二，要有权有势，有所作为。这两者结合起来才能称作“大人”。

庄子说：“大人者，圣人不足以当之。”意思是“大人”比圣人更了不起。因为大人不仅有道德品质，还有权有势，有所作为；而圣人虽有道德品质却没有权势，也就是他有德没有位。

1　出自《中庸》，原句是：“能尽物之性，可以赞天地之化育。”

那么，什么样的人才能被称为“大人”呢？就是我们传说中的尧、舜、禹。他们既是君主、君王，同时又很有个人修养，且道德品质高尚。身居高位，且有品有德，真正能做到大公无私，这才是真正意义上的“大人”。

所以，德要配位，有德有位就称为“大人”。

“君子有三畏——畏天命，畏大人，畏圣人之言”

曾子说：“君子有三畏，畏天命，畏大人，畏圣人之言。”

人要敬畏“天命”，是因为天命让你存在于这个世界，是“天命”决定了你的出生，也是“天命”决定了你人生的长度，事业的高度。所以畏天命，才能知来处。

“畏大人”，是要敬畏道德修养很好，又有权力的人。

“畏圣人之言”，是说虽然圣人无权无势，仅是一介布衣，但是人们要敬畏圣人之言，因为圣人说的话都是无价的精神财富。影响最大的圣人之言就是《论语》，几千年来我们流传的还是孔子，才有了“半部《论语》治天下”的说法，意思是读半部《论语》，就可以修身齐家治国平天下了。

但是为什么你不是“大人”，不是有权做主的人？是因为你的时机还没到。有的时候是“天命”不佑，那你就没有这个时机，所以即使你当得了圣人，也当不了“大人”。

五

天地万物互相化生
互相生成

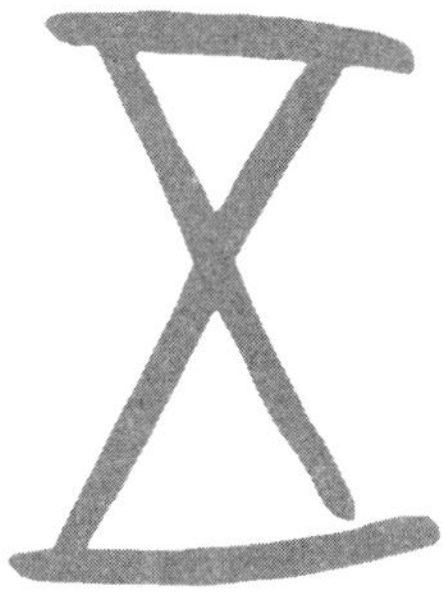

本义：天地交构互生，非常多

“五”的甲骨文是。后来，人们把“五”进行异化处理，上面一横代表天，下面一横代表地，中间的交叉代表天地万物互相化生互相生成，所以称之为五，指代非常多。

“伍”

“五”加单人旁，就变成了“伍”，“伍”也是“五”的大写。

“伍”是什么意思呢？在古代，五个人构成一个小组，是队伍最基本的单位。十个五，即五十人，就称为队。那么一军是一个方阵，一个方阵是二百五十队。二百五十队就是二百五十再乘以五十，因此大概是一万两千五百人，称为军。

“吾”和“我”的区别

“五”加一个口是“吾”。比如“支支吾吾”，是欲言又止，想说又停止不说的样子。

“吾”后来就变成了第一人称代词——“我”。

“吾”的甲骨文是，上面好几个“五”，表明说话的次数很多；下面的表示说话，因此表示的是两个人在长久地交谈。“吾”的本义是开口说话，极有可能是开口说话时的第一个音，相当于现在的“嗯”。开口说话的次数很多，就称为“吾”。

“吾”和“我”之间是有区别的。“我”是指自己，手持兵器，很雄壮威猛的样子。而“吾”是指我要说话。

“见字如晤”

有一句话叫“见字如晤”，是说“见到了我给你写的信就像我和你在交谈一样”；其中“吾”加了一个“日”字旁，变成了“晤”，意思就是我在开口说话，一说话你就明白了。“晤”也通“悟”，说话说到对方的心里，使对方明白。

实际上，“见字如晤”的“晤”有三层递进的意思：一是见字如见我；二是见字如见我在说话；三是见字如见我在说心里话，说得敞亮，说到你心里了。

常

道可道，非常道

本义：日常所穿的裙布

“常”的金文是，上面是“尚”，下面是“巾”。

“尚”是由“向”和“八”组成的。“向”的意思是向上，朝着阳光，而“八”的意思则是分开。

“常”下面的“巾”像一块布，布上有一根下垂的丝带。

所以，“常”最早的意思就是日常所穿的衣服中的一部分。哪一部分呢？向上提着的那一部分，也就是下半身的服装。

上半身的衣服称为“衣”，下半身的衣服就称为“常”。它有点像围裙，或者裙子。但是这个裙子是向上系着的，所以就称之为“常”，“常”的本义是指裙布。那时还没有裤装，男性女性上身是宽大的“衣”，下身都是下摆很大的裙布。后来“常”字用作了引申义“经常”，另造了一个“裳”字代表下半身的服装。

“平常”“非常”“常态”

因为人每天都要穿衣打扮，所以就把“常”作为形容日常生活的字——“平常”。

为了表达“常”的反义，又加上“非”，变成“非常”。说这个人穿得非常有意思，意思是和别人不太一样，就叫非常。

“常”还可以引申为“常态”，“常态”就是日常的生活状态。

“平常道”“非常道”

世界上，万事万物都有其运行的规律，这个规律既是“平常道”，也是“非常道”。

所谓“平常道”，就是每个人都是同样的生命体；所谓“非常道”，是每个人都有自己的独特性。

那么延伸到万事万物也是这样。因为有“平常道”，万事万物都是上天孕育出来的生命；又因为有“非常道”，因此万事万物才会不一样，才会出现独立的个体，每个人才能有自己的独立性。

有“非常心”，才可能成就伟大的事业

从“常”这个字我们能知道，我们既要有“平常心”，也要有“非常心”。

“平常心”就是我们能够公平合理、心平气和地看待万事万物；“非常心”就是我们既要有抱负，有志向，还要有做出一番伟大的事业的能力。

总释

『盖此身发，四大五常』

“盖此身发，四大五常”，总的来说是什么意思呢？

“身发”是指身体发肤，受之父母；“四大”是指土、水、火、风，佛教一般称作地、水、火、风。

“五常”有两种解释：一种是指金、木、水、火、土，是指五行；另一种是儒家的仁、义、礼、智、信。仁是仁爱、仁慈；义是义理、义气；礼是礼仪、礼节、秩序；智是智慧；信是信用。

因此，“盖此身发，四大五常”是指人要具备四大五常，才能称其为人。土、水、风、火是组成宇宙的四种基本物质。土以坚为性，能承载万物；水以湿为性，能包容万物；火以暖为性，能成熟万物；风以动为性，能生长万物。人身就由此四大组成，所以四大常作为人身的代称。五常是指仁（仁爱）、义（正义）、礼（礼让）、智（才智）、信（诚信），是儒家的伦理道德规范，不仅在过去规范着人们的行为，在今天仍具有借鉴的意义。

伍

CHAPTER 05

恭惟鞠养，岂敢毁伤

“恭惟鞠养，岂敢毁伤”，是指保养好自己的身体，不要让父母担忧，才是对父母最大的孝心。

恭 · 112

惟 · 115

鞠 · 117

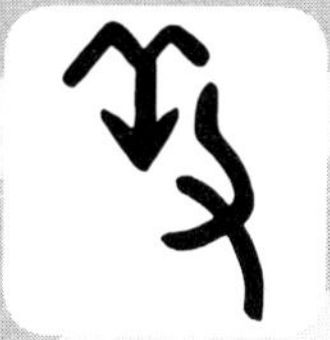

养 · 120

岂 · 123

敢 · 125

毁 · 129

伤 · 133

恭

恭敬不如从命，

『从命不如恭敬』

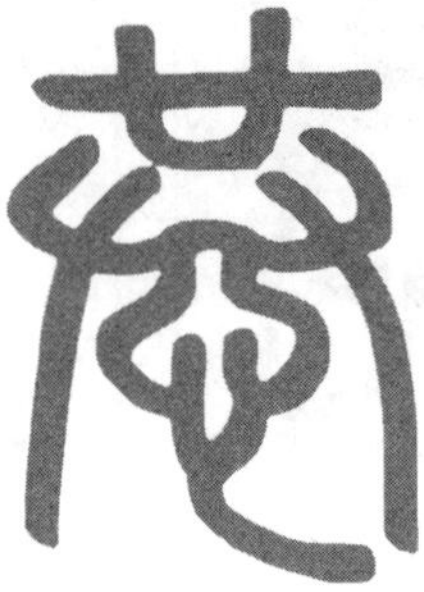

本义：祭奉、祭拜神农和龙图腾

“恭”的篆文是，上面是“兄”（祝之意），中间是两只手，下面是心脏的心，意指恭恭敬敬地祭奉、祭拜。祭拜什么呢？祭拜神农和中国人原始的图腾——龙。

实际上在金文之前，也就是在“恭”和“龚”共同的甲骨文中，是有“龙”的，“龙”的下面是两只手，。有的金文中，右边加了一个祈祷用的“兄”（）。后来在篆文中，就把“龙”给简化了，然后把“兄”和表示供奉的两只手留下来，再在下面加了一个“心”（）。所以“恭”的本义是敬奉神农和龙图腾。

君子必“恭”:“君子敬而无失，与人恭而有礼”

在《论语》中有很多关于“恭”的用法。像“君子敬而无失，与人恭而有礼”，意思是君子会尊敬别人，没有道德上的缺失，和别人恭敬和睦，有礼有节。

“恭敬”都是由内而发的——“居处恭，执事敬，貌思恭，事思敬”

在古代，经常把“恭”和“敬”放在一起使用，合称“恭敬”。

“敬”的右边是反文旁，意思是手上拿着棍棒或工具；左边的“苟”是野草，很多很杂乱的样子。所以“敬”的本义就是用手拿着工具，把野草梳理得顺从有秩序。“敬”往往是人们在做事时很敬业的一种状态。

“居处恭，执事敬，貌思恭，事思敬”，意思是一个人独处时，在生活起居方面，也要端庄；在相貌上，要给人很恭顺的印象；在做事时，要发奋敬业。

很多时候，大家错误地理解了“恭敬”，认为“恭敬”是做给别人看，这样的想法是错误的。

“恭”并不是一种外在的恭顺，而是由内而外散发出的内在信念。所以人们要表现出来恭敬，就必须是发自内心，自然而然地散发出来，而不是做给别人看的。

古时圣贤制定的礼仪制度，不是为了让大家做样子，而是为了体现出人们的道德、自律，让自己所有的行为得以由心而发。

“恭敬不如从命”“从命不如恭敬”

我们常说“恭敬不如从命”，也可以反过来用，即“从命不如恭敬”。

“恭敬不如从命”，是说我对你最大的恭敬就是听你的指令，听你的话。而“从命不如恭敬”的意思则是——我听你的话，倒不如我恭恭敬敬的，因为我只有表现得恭恭敬敬，才能说明我是在听你的话。最大的从命就是恭敬。

惟

『人心惟危，道心惟微；惟精惟一，允执厥中』

本义：把精神、心思专注于一点

“惟”的甲骨文是，字形像是人渴望像鸟一样飞翔。“惟”的金文是，写法是从心，唯声。“唯”的意思是一只鸣叫着的有尖嘴的鸟，表示人的心要保持专注，就像尖锐的鸟喙一样。人只有专注才可以把心思集中于一点。

所以“惟”的本义就是把精神、心思专注于一点。

“惟”和“唯”是通假字

“惟”和“唯”，两者的本义是不一样的，但它们经常作为通假字使用。

比如，以往我们经常使用的“惟有”“惟一”，现在按照新的规定，都改成了口旁的“唯”，改成了“唯有”“唯一”。“惟”和“唯”是通假字，现代汉语作“只是、只有、仅仅”来解释。但它们的本义又有不一样的特点。“惟”是指心思都集中于一点，像尖尖的鸟喙一样；而口字旁的“唯”是模拟鸟叫的声音，唯唯诺诺。

“人心惟危，道心惟微；惟精惟一，允执厥中”

在儒家学说里有很重要的十六字传统，据说是由舜传给大禹的，是“人心惟危，道心惟微；惟精惟一，允执厥中”。这句话使用了四个“惟”。

“人心惟危”是指人心难测，很危险；“道心惟微”是说道心、天心看不见，微妙而没有显示出来；“惟精惟一”的意思是我们要让自己的修行做到专精不二；“允执厥中”是要让自己处在中庸、不偏不倚的状态。所以这就是“人心惟危，道心惟微；惟精惟一，允执厥中”的意思。

“惟精惟一”这四个字很重要，因为精一就是“惟”；我们说的心思集中于一点，就是“惟精惟一”的状态。

鞠

鞠躬尽瘁，死而后已

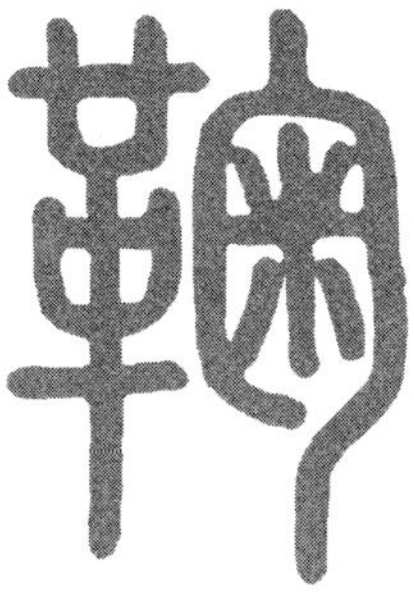

本义：最早是指鞠戏，也就是踢足球

“鞠”始见于篆文。

“鞠戏”就是足球，最早的足球相传是黄帝发明的，是为了训练士兵的军事游戏。[1]

“鞠”的左边是指皮革的“革”，右边是“匊”（jū）。“匊”是外面的人形加上“米”。

“鞠”的三种可能来源——酿酒、拘留、鞠戏

“鞠”通菊花的“菊”，在古代经常和“菊”作通假字使用。

---

1 “蹋鞠，黄帝所作或曰起战国时。”——贾谊《新书》

“鞠”的意思比较多，既可作“鞠躬”讲，诸葛亮说“鞠躬尽瘁，死而后已”；也可以通假为菊花的“菊”；同时用作“鞠戏”的“鞠”。

对于“鞠”的来源，大概有三种说法。

第一种说法是，因为“鞠”的右边是“米”，左边在讹变之后就变成了“革”，用皮革把大米密封好，用于发酵酿酒。所以第一种说法认为，“鞠”最早起源于酿酒。

第二种说法和对待犯人、拘留审讯有关。“鞠”左边的“革”是“桎梏”的意思（“革勹”是“梏”字的初文[1]的讹变）。“桎梏”在足曰“桎”，在手曰“梏”，类似于现代的手铐、脚镣。也就是说，这里的“鞠”和拘留的“拘”是相通的。所以第二种说法认为，把人铐起来，就称为“鞠”。

第三种说法是，“鞠”是黄帝训练士兵的军事游戏，用作锻炼士兵的身体，称为“鞠戏”。所以“鞠”是一个圆圆的球形，用毛发作填充物，外裹一层皮。这样的一个圆圆的球，就称为“鞠”。

目前而言，我们还不知道哪种说法更准确。现在最普遍使用的是第三种说法，即踢球。因此也把“鞠”引申为抚养、抚育和弯曲。“鞠躬”就是使用了“鞠”的引申义弯曲。

“鞠”假借为抚育、抚养、弯曲

“鞠”之所以和抚育、抚养、弯曲有关，是因为做鞠戏、踢足球

1 文字学往往把某字的最早写法称为初文，以区别于该字较为后起的不同写法。

的时候要盘带，这个盘带的过程就和抚养小孩儿的感觉很像，就像带小孩儿，盘弄孩子。所以“鞠”会假借为抚养、抚育。

“鞠”也可以引申为弯曲。要捡球，踢球，扔球，都免不了要弯曲，所以弯曲和鞠躬就是从这来的，很形象。因此，我们在解释“鞠”这个字的时候，要知道它在古代有很重要的意思，“鞠养”就是抚养、抚育的意思，甚至于古人认为“鞠”就是出生（很形象，胎儿像个圆球），“养”就是抚育。

我养你 养

本义：手持着鞭子去放羊

“养”的甲骨文形象是人手持着鞭子在牧羊（）。其中，“”看起来像羊角，代表羊；右边的反文“”是指手，或是手上的一个动作。所以“养”的本义是手持鞭子去放羊。

后来，“养”的篆文发生了一些变化，上面是“羊”，而下面手持鞭子的样子没有了，变成了表示喂东西吃的“食”。上面是“羊”，下面是“食”，写作“”，说明羊由原来的放养，变成了以喂食为主的圈养，这几乎就固定了繁体字“養”的结构。

“养”专指圈养家畜、家禽

一般情况下，放牛称为“牧”，放羊称为“养”。

后来“养”专指圈养家畜、家禽。比如我们说的养猪或鸡、鸭、鹅，还有常说的“养育”等等。

“修养”——内在为“养”，外在为“修”

“养”在后来有了很多的引申义，比如评价一个人的道德水平高不高，就看这个人有没有修养。

什么是“修养”？外在为“修”，内在为“养”。虽然外在容易修饰得很干净，但是我们要知道，修养是在日积月累中产生的，并不是在短时间内就能够拥有修养。如果一个人的状态在短时间内发生了很大的变化，我们会说这个人是在“装”，就是他想改变自己，就先从“装”开始。可“修养”不是装出来的，而是日积月累培养出来的。

“五谷为养”

说到养生，《黄帝内经》中就有“五谷为养，五果为助，五畜为益，五菜为充”。

所谓“五谷为养”，是说一定要吃碳水化合物；“五果为助”，意思是水果、干果这些东西是帮助身体的；“五畜为益”，“五畜”代指鸡鸭鱼肉，这句话的意思是吃一些肉类对身体是有益处的；而“五菜为充”，是说菜是补充营养的。

所以“五谷为养”，在养生中是最应该注重的。所谓“五谷”是指稻米（大米）、黍（黄米）、稷（小米）、小麦和大豆，“五谷”中的碳水化合物，是身体所需的基本元素。所以“五谷为养”是非常重要的养生常识。

养生的智慧——既要养生，更要养心

说到养生，必须注意两点，分别是物质上和精神上的。

物质方面的养生就是要好好供养我们的身体和内心，不仅要让身体强壮，充满活力，而且要让精神不萎靡，拥有化苦为乐的能力，以及自在欢喜的智慧。养生，不仅要会养身，而且要会养心、会养神。养生是为了更好地工作、生活，是为了提高我们的生命质量，而不是变成一个只知道吃饭、睡觉，无所事事，打发时间的人。

岂

两情若是久长时，
岂在朝朝暮暮

本义：敲击战鼓的声音

“岂”（豈）的甲骨文是。上面的“山”不是表示山，而是表示“手”；下面有一横，表示手拿着鼓槌；再下面是“豆”，“豆”本来是一种容器，但也可以指鼓。战鼓发出来的声音振奋士气，所以有人说“岂”是指迎接军队得胜归来，或是欢送军队出征的鼓乐。

《诗经·小雅·鱼藻》云：“王在在镐，岂乐饮酒。”郑玄注释说：“天下平安，万物得其性。武王何所处乎？处于镐京，乐八音之乐，与群臣饮酒而已。”后遂以“宴镐”为天下太平君臣同乐之典。“岂乐”是指鼓乐的欢乐。

所以，“岂”（）的本义是敲击战鼓的声音。当“岂”本义消失后，再造一个凯字表示“击鼓”之意。“凯”右侧的“几”字是“人”形，表示人在击鼓。

“岂”的关联用法——“岂能”“岂敢”“岂有此理”“岂不是”“岂非”……

“岂”是和句式有关的连词，“岂能”“岂敢”“岂有此理”“岂不是”“岂非”，都是表示关联。

“岂”首先是表转折，例如“岂敢”“岂有此理”，“两情若是久长时，又岂在朝朝暮暮”，等等；其次，“岂”表否定和反问，例如“岂不是”意思是难道不是。

总的说来，“岂”是表否定和反问的连词。我们无论是学中文还是学英文，如果懂得连词用法，就可以把句式造得很有意味。会不会用连词，是评判一个人会不会写文章的重要标准。通过连词的使用，可以看出一个人的思维是否有层次感，是否丰富。

“岂”字有着不容置疑的气势

我们在理解“岂”的词性时，常常能感觉到这个字非常理直气壮，有一种很雄壮、雄辩、不容置疑的气势。比如我们说的“岂有此理”，就是一种不容争辩、很有气势的样子。

敢

为人做事要敢作敢当

本义：手持猎叉打野猪

“敢”的甲骨文是，意思是人手持着武器（和），从下方去迎接野猪（）的冲撞，是很勇猛、很勇敢的行为。

通过“敢”这个字，我们可以联想到古人打野猪时的状态。

后来打野猪的过程发生了变化——人们不再和野猪正面冲撞，而是学会了使用陷阱去捕猎。“敢”也随之发生了一些变化，所以，“敢”的金文就出现了一口陷阱，写作（左下角的就是陷阱）。同时，野猪的形象也发生了一些变化，变成了。而代表着手持猎叉英勇搏杀的偏旁还在。

所以“敢”在甲骨文和金文的写法中，就是打野猪的状态。

后来“敢”在篆文中又发生了变化，写作。代表着野猪的部分消失了，变成了“月”（肉），“月”的上面是一只手，右侧是一只

手持着棍棒和武器，同现在勇敢的“敢”就很接近了。

“敢”还能看出来一点文字上的返祖现象。其左下角的“月”（肉）字旁写成了“耳”，而它的右侧也是一个反文旁，是手持着武器的形状。所以勇敢的“敢”里有武器，有猎物，有手。

《说文解字》说，“敢”就是“进取也”，进取就是敢于前进，敢于去捕捉，这就称为“敢”。

勇敢的人是敢作敢当，无所畏惧的人

《广雅》有言：“敢者，勇也。”这是以字解字。那么“勇”字和“敢”字有什么联系呢？

“勇”的金文是，是指操作武器。“甬”是操作、使用的意思；右半边加了，就是“戈”。所以说操作武器就称为“勇”。“兵勇”“勇士”指的是携带、操作武器的人。后来表示武器的部分在“勇”字中消失了，在下面添上了代表力量的“力”，意思是有力量的人就称为勇士，是指力量很大，胆子很大，敢作敢当，无所畏惧的人。所以勇敢经常是连用的。

“敢死队”“果敢”“胆敢”“竟敢”

一些不怕死的人被称为“敢死队”。“敢”原是指打野猪的人，打野猪的确需要勇敢，需要不怕死，需要无所畏惧。那么“敢”和“勇”的意思差不多，而且“敢”代表人的胆子更大，因为打野猪的时候，野猪冲过来了，是可以把人踩死的，所以打野猪的确是要冒险，更要胆子大。

有一个正面的词汇叫“果敢”，意指有胆有识。“果”是果断，“敢”是敢于，“果敢”是果断并敢于作出决策，去冒险。

“敢”也有贬义的用法，比如“胆敢”，就意指大胆，非常地敢于冒险，以至于很狂妄。有时候人们会说，你真敢如何如何，你真敢这样做，你竟敢那样做，都有质问的口气在里面。

荀子是怎么看待勇敢的?

《荀子·性恶》说：

有上勇者，有中勇者，有下勇者。

天下有中，敢直其身；先王有道，敢行其意；上不循于乱世之君，下不俗于乱世之民；仁之所在无贫穷，仁之所亡无富贵；天下知之，则欲与天下同苦乐之；天下不知之，则傀（guī）然独立天地之间而不畏：是上勇也。

礼恭而意俭，大齐信焉而轻货财；贤者敢推而尚之，不肖者敢援而废之：是中勇也。

轻身而重货，恬祸而广解苟免，不恤是非然不然之情，以期胜人为意：是下勇也。

这段话大家可以背下来。意思是说，勇之大类，有上等的勇敢，有中等的勇敢，有下等的勇敢。

天下有了中正之道，敢于挺身捍卫；古代的圣王有正道传下来，敢于贯彻执行他们的原则精神；上不依顺动乱时代的君主，下不混同于动乱时代的人民；在仁德存在的地方不顾贫苦穷厄，在仁德丧失的地方不愿富裕高贵；天下人都知道他，就要与天下人同甘共苦；天下人不知道他，就岿然屹立于天地之间而无所畏惧：这是上等的勇敢。

礼貌恭敬而心意谦让，重视中正诚信而看轻钱财，对于贤能的人敢于推荐而使他处于高位，对于不贤的人敢于把他拉下来罢免掉：这是中等的勇敢。

看轻自己的生命而看重钱财，不在乎闯祸而又多方解脱苟且逃避罪责；不顾是非、正误的实际情况，一心想要胜过别人：这是下等的勇敢。

荀子提出了“勇”的三种内涵：可以说是大勇、中勇、小勇。勇之大者，有“天下”观念，以天下之事为勇，“敢为天下先”即是此意。“天下兴亡，匹夫有责”，此即是大勇。“平天下”是大勇，“为万世开太平”是大勇。士（知识人）通过学问立身，应该追求和具备这样的勇气。

中勇则近乎于仁了，也就是处理好人际关系，克服自身的私欲、嫉妒和贪婪。也就是日常生活中的勇气，如何过一种良好的生活，做一个良好的人，有一个良好的心态。乱世而言，需有大勇；盛世来说，中勇就可以了。

荀子所言的小勇也就是下勇，等同于“莽夫”，莽撞地处理各种事情，意气用事。所以是他提出要注意和避免的“匹夫之勇”。

荀子言勇，可以说是非常精辟的。他让我们看到，先秦时代的思想家对“勇”的见解已经很详尽了。对于当代人而言，从下勇、中勇至上勇，是一条人生进阶之路。

毁

德高而毁来

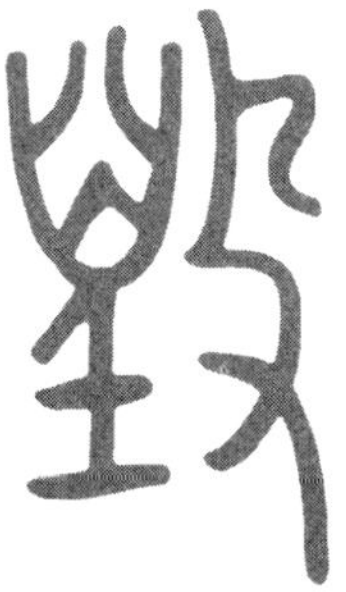

本义：让原本完好无缺的东西发生了破损

“毁”一般用作贬义，代表事物被破坏，比如毁灭。段玉裁在《说文解字注》里说：“毁者，缺也，器破曰毁。”由此可知，“毁”代表了缺损的状态，一个容器破了就称为“毁”。

“毁”最早的写法可见于金文。其左上像是容器，可能是陶器，下面是土，合起来就是用土、用窑做出来的可以装东西的容器；它的右侧是手拿着破坏性的锤具。所以“毁”的本义是手拿工具在敲容器。这个动作就称为“毁”。

也有其他的说法认为，“毁”的左边不是一个用土和窑做出的容器，而是“儿”（繁体写作“兒”，甲骨文作），因为讹变，“兒”的下半部分成了“土”“王”或“米”。那么“毁”就是用手拿着工具在教训儿子。这也是一种说法。

但是我们更倾向于“毁”的意思是“把完整无缺的容器给打破了”。

“毁人不倦”与“诲人不倦”

有时候我们会开玩笑说，某个老师教学生是“毁人不倦”。“毁”和“诲”同音，但意思天差地别。

教诲的“诲”是言字旁加“每”。“每”是母乳喂养的意思，也指哺乳期的母性，言字旁是指说的话。因此用语言教养孩子，就像用母乳喂养孩子一样，叫“诲”。“诲人不倦”的意思是老师通过有益的言论让学生得到营养，增长知识、智慧，而且乐此不疲。

但是有些老师可能胡说八道，不敬业或者教学水平有限，那就被称为“毁人不倦”。

“德高而毁来”——通过言语诽谤、毁坏他人

韩愈特地写过一篇《原毁》来讨论“毁”。《原毁》里有一句话是“德高而毁来”。这句话非常有智慧。“德高”是指“德高望重”，意思是一个人成就很高，德行圆满，很多人都很佩服他。但是这时“毁”就来了，诽谤他的人来了。所以，总是会说一个人毁誉参半。

因此，“毁”也是指通过言语去诽谤、毁坏一个人。

“清者自清，浊者自浊”

我们经常说“清者自清，浊者自浊”，意思是“清”的永远是清的，“浊”的永远是浊的。“清”是没办法变成“浊”的；“浊”如果想变成“清”，就需要沉淀自己。

清白的人不怕别人的毁言，因为时间可以使毁言沉淀消散。

“诽谤”别人，就是给自己积口业

生活中，我们不要去诽谤别人。诽谤就称为毁。

我们要积口德，而不要去积口业。当你说负面的言论，当你无端指责别人的时候，如果你的出发点是好的，是为促使他改进，那么就没有造口业；如果在指责别人时，你的出发点不好，并且还有着恶意的快感，就是想踩倒、批判他，这个时候就会造口业。

因此，我们在评论一个人时要注意，你是不是语重心长。如果是，那么你口气可以严厉。如果你只是为了通过批判他而显示自己的水平比他高，甚至是有自己的私心在作怪，这就造了口业。口业在伤害别人时就造成了“毁”，这样对彼此都不好。

不要在意他人的评价，也不要去毁坏别人

一件事情你做有人批评，不做也有人批评；做得好有人批评，做得差也有人批评。因此不要在意别人的批评。有的时候对你的赞美越多，对你的诽谤也越多，所谓“谤亦随之”。没有人会不受到他人的

评价。所以有一句话是："谁人背后不说人，谁人背后无人说。"[1]

同时我们要注意，不要去做毁坏别人的事情。假如说我们自己遭到了诽谤，那也不要怨恨别人，而是进行自我的心理调试和完善。怨恨分泌的毒素首先伤害的是自己的身体。

其实这就像打游戏一样，你没有时间纠结于当时的障碍，打游戏是为了打通关；而我们的人生就像打游戏一样，最后是要打通关的。不要因为在路上碰到了小兵小将伤了你几滴血，你就非得杀一个回马枪，然后跟这些人死磕。其实这些人会不停地出现，而你需要做的是，即便遭到了诽谤，也要不停地往前走，因为你有更重要的使命，你的生命中有更重要的事情要做。所以要不计较外面的风雨，不计较外面的明枪暗箭，要"持志如心痛"，[2]努力前行，完成自己的使命。

1 出自《增广贤文》。

2 出自《传习录》，明代王阳明著。

伤

七情如箭伤

本义：中箭所致的受伤

“伤”（傷）最早可见于战国文字。

繁体字“傷”是个形声字，是用右边“昜”的声，左边加了单人旁。

它有个异体字，写作“”。意思非常明确，左边是个“矢”，表示箭，意思是指中箭导致了受伤，我们现在把它引申为外伤，就是中箭导致的皮肉伤、皮外伤。所以这个字最早的意思是指箭伤。

“伤”和“病”的区别

“伤”和“病”有什么区别？“伤”是指外来的伤害，而“病”是指身体内部的病变。

《礼记》中讲到，“创之浅者曰伤”。意思是创口比较浅，没有深入到内部，没有伤到骨头或内脏，就叫“伤”。如果伤到了骨头或者内脏，那就不是古代的伤科能解决的问题了。

“久视伤血，久卧伤气，久坐伤脾，久立伤骨，久行伤筋”

在中医中“伤”有着多种说法，比如《黄帝内经》里说：“久视伤血，久卧伤气，久坐伤脾，久立伤骨，久行伤筋。”

“久视伤血”，意思是你看东西时间长了，是非常消耗血液的，会造成眼花。

“久卧伤气”，是指长时间卧床的病人会有气力不足之感。

“久坐伤脾”，是说坐的时间比较长后，脾胃都不太好，吸收和消化的能力也会差。

“久立伤骨”，人站立过久的话，由于身体重量的积累，就会伤骨。

“久行伤筋”，现在经常有人在社交平台晒每天走了多少步，有的走了两万步，有的走了十万步，而且有的人长期坚持。这可能会导致可怕的后果，因为久行是伤筋的。而且筋和人体长寿有着密切的关系，所以中医不提倡过度走路，过度长跑，因为肯定会伤到筋。

中医里提到的“伤”实际上跟我们的坐立行走有很大关系。为了不受伤，我们一定要避免会对身体造成消耗的一些外在行为。所以做什么事情都要适度，不能过。既不能不运动，也不能运动过度。每天要精神充足，以能胜任工作又不感到疲乏为宜，这才是锻炼的目的。否则，工作很劳累，还要去健身房，那不相当于打了两份工吗？

“七情”也能伤人

每个人都有七情六欲，过度的七情六欲首先会引发精神上的、心理上的一些问题，积少成多，人的生理也会出现很多毛病。

“七情”指的是“喜、怒、忧、思、悲、恐、惊”。过分喜悦（“喜”）会伤心，比如范进中举，一下子就高兴得发狂了（失心疯）；生气过度（“怒”）会伤肝；太忧悲（“忧”）了会伤肺；思虑过多会伤脾；过度恐惧、受惊吓会伤肾——吓得尿裤子，就是伤到肾了。

如果我们不疏理好情绪，长期陷入过度的“七情”中，心理和身体就会出现毛病。所以我们学“伤”这个字，首先要意识到哪些东西会对我们造成伤害，我们才可以调节情绪，避免出现伤害。

『恭惟鞠养，岂敢毁伤』

总释

“恭惟”等同于“恭维”，是指恭敬、顺服，一般是对长辈。

“鞠养”是抚养、养育的意思。它出自于《诗经》的“父兮生我，母兮鞠我；抚我畜我，长我育我”，是指父母的养育之恩。

“岂敢毁伤”的意思是，我们要恭维父母，因为父母鞠养我们长大，我怎么能去毁伤受之于父母的身体。

所以保养好自己的身体，不要让父母担忧，就是对父母最大的孝心。这就叫“恭惟鞠养，岂敢毁伤”。

陆

CHAPTER 06

女慕贞洁，男效才良

“女慕贞洁，男效才良”，是指男性应具有“自强不息”的优秀品格，女性应具有“坚贞不屈、洁净精微”的美好品质。

女

伟大的女性

引领我们前进

本义：柔美的女子

“女”的字形很优美，能够体现出女性的身材特点，其甲骨文是，是形状很柔和的线条。

甲骨文看起来比较谦卑、恭服，所以“女”（）意味着柔顺、柔弱、有规矩。

“姓”为什么是“女”字旁

所有和女字旁有关的字都和女性有关。

比如“姓”的左边是女字旁，右边是“生”，是指女性在生产后给刚出生的孩子一个代号，这样易于辨认，所以就有了“姓”。其甲骨文左边为生（发芽的植物），右边为女，写作。

为什么“姓”是女字旁呢？因为在母系氏族社会里，女性为一家之主，男性专门干活，采集生活资料。人们常常说女性和孩子的关系是最亲近的。为什么？因为在母系氏族社会有可能会认错爸爸，但绝不可能认错妈妈。只有妈妈知道这个孩子是自己生的。所以在母系氏族社会，孩子是跟着母姓的。

“妻”“婚”

妻子的“妻”下面也是女。

古时候，为了传宗接代、繁殖壮大自己的部落，一些部落的人就去抢夺别的部落中的女性资源，所以“妻”的本义是被抢劫、抢夺、掠夺过来的女人。妻的甲骨文  左边表示女人，右边是“手”，表示抓取。

结婚的“婚”也是女字旁，是说黄昏时分，趁着天黑更容易去抢夺别的部落的女子。“婚”的篆文  就表示出了这个意思。

无论是用野蛮还是用文明的方式，“妻”和“婚”都说出了人类渴望繁衍、生存下去的生物本能。

“妾”：有罪的女性奴隶

“妾”的上面是“立”，下面是“女”。“立”是“辛”的简写。前面讲过，“辛”是对奴隶实施的刑罚，比如刺面，在身体上做符号，或者挖去身体的某一部位，所以“辛”代表武器，代表着制伏、镇压。

总之“妾”是指有罪的女性奴隶。把这种女性奴隶制伏了就称为“妾”。在“妾”的甲骨文中，能看到女子头上有尖锐的倒三角（辛）。

“安”——家里有女子才会安宁

“安”上面的宝盖头表示房子，因此，“安”的含义是家里有女子才会安宁。安居才会乐业。“安”的甲骨文也是非常形象。

坤极则乾：女性柔美到极点就会变得阳刚

自古以来，“女”作为阴性、柔弱的代名词，在《易经》里对应的是坤卦。女性具有坤德，是柔顺的、承担的、承载的。然而在现代社会，女性开始向乾卦进行转变，我们称之为坤极则乾。

女性的母性意识变得很强烈时便威力无穷，在各种战争灾难中，往往是女性承担起了家庭、家族的责任，像老母鸡一样保护全家。这说明女性在某些特殊情况下，是会由坤卦变成乾卦，也就是阴极则阳。所以说女性里是有真阳的，当然男性里也是有真阴的。男性阳刚到极点就会变得柔美，而女性柔美到极点就会变得阳刚。

慕

心慕手追

本义：暗暗地想，暗暗向往

“慕”的金文是。“慕”有模仿、追求的意思。

“慕”的上面是“莫”，“莫”是“暮”的本字，代表着太阳掉落在草丛当中，也就是说日薄西山。

“日暮乡关何处是，烟波江上使人愁。”日暮会让人产生一种昏暗、悲伤、恋恋不舍的情绪。所以“暮”引申为昏暗。

“慕”的下半部分是“⺗”（gōng），“小”再加一点。这是什么意思呢？“⺗”实际上是变形的“心”。从金文中我们能看出下半部分是个“心”。在字体演化中，它的写法变成了“⺗”。表明向往之心，想望之心。

“慕”是形声字，以暮（莫）为声，以心（⺗）为形。其本义是暗暗地想，暗暗向往，有思念向往之情。

心慕手追——以对方为模板，奋起直追

在书法界，书法家和书法评论家经常会用到一个词——“心慕手追”。“心慕”是我能想象到的古人在书法创作的过程中的最高境界和最平稳的心态，并为之向往不已；所以我也要奋起直追——“手追”。其中，“慕”指的是羡慕，是指以对方为模板，自己要奋起直追的状态。但是请记住，你在“慕”的时候不能心理失衡，否则就会引发嫉妒、嫉恨、不服气等负面情绪。

古人有句话叫“失之一分则短，增之一分则长”。我们要控制好羡慕的情绪，要停留在“心慕手追”的状态，不能再往前走，再往前走可能就是嫉恨了。

“少则慕父母”

《孟子》里有一句话是“少则慕父母”。这句是说，人在小时候，羡慕、模仿的对象是父母。

小孩子出生后，就自动装上了一个“操作系统”，以父母为模板，开启思维活动、心理活动和行为模式。西方的心理学著作将父母对孩子心理的影响，尤其是亲密关系的影响，称为“原生家庭”带来的影响。

根据孩子的心理特点，我建议父母不要过早把孩子送往学前班、幼儿园，父母才是小孩子最好的学校。以身作则的父母，才能把小朋友的“操作系统”装完善。父母要花时间多陪孩子，一起做游戏、看书，这个过程是父母与孩子思维相续的过程；只有这样，才能够融入

孩子的生命里。

如果父母把孩子向其他地方推，无论是推给老师还是推给学校，都是不负责任的表现。

一个人一辈子有三种教育——家庭教育、学校教育和自我教育。小孩子有一种自我纠偏的能力，这是他的自我教育，是他与生俱来的东西；家庭教育是父母引导他上的第一堂课，也就是我们说的第一口奶非常重要；最后才是学校教育，给孩子提供了外部的教育环境。在这三种教育中，自我教育和家庭教育占了孩子成长的三分之二。

如何智慧地表达“羡慕嫉妒恨”——随喜

很多人都爱说“羡慕嫉妒恨”。羡慕有两个作用，一个作用是促使我们追求更高的境界；另一个作用也是由于羡慕，认为别人比自己地位高，比自己工作好，比自己财富多，由此引发嫉妒以及心理不平衡。如果碰到别人比自己有钱、有名望、有地位，你不能去羡慕嫉妒恨，你应该随喜别人，因为人家达到了一个好的状态，而这个状态也是你希望自己能够达到的。

贞

人有四德，大吉大利

——『元亨利贞』

本义：占卜

“贞”的甲骨文是。“贞”的上面是卜卦的“卜”，下面是祭祀用的鼎。而金文最能体现这一点。

所以“贞”的本义是指在神鼎上占卜。

比如说向上天祈求风调雨顺，求老天指引出能够迁徙的位置，预测来年会不会有瘟疫、战乱，等等，凡是人无法决断的事情都要祈求上天。所以“贞”最早的意思是占卜、查看。后来“查看”“侦查”“侦看神谕”的本义消失了之后，篆文加上了“人”旁，变成“侦”，用来表示“贞”的本义。而“贞”就引申为坚贞、忠贞的意思了。

天有四季，人有四德，大吉大利——“元亨利贞”

《易经》中经常会出现“元亨利贞”四个字。什么意思？根据一些义理学家的解释，“元”是指事物的起始，比如植物发芽，代表春天；“亨”是指事物的成长、开放，代表夏天；“利”是指事物的收获，代表秋天；而“贞”指事物的坚贞不拔，代表冬天，表示隐藏。所以义理学家认为，“元亨利贞”代表儒家的“仁义礼智”——像春天一样开始发芽；像夏天一样茂盛成长；像秋天一样收获；像冬天一样坚贞，代表隐藏。

卜辞认为，由于“贞”的本义是指占卜，所以“元亨利贞”可以从整体来解释。“元亨”是指大吉大利，“元亨利贞”就是指大吉大利，利于占卜。

正当、坚固、坚贞不屈是“贞”的引申义。“贞”引申为对原则或信仰的坚定不变，所以说“贞”和“真”有音义相近的关系。贞的引申义也表示完全、百分之百的纯粹、不变心。

贞节牌坊可以打倒

传统礼教思想中有妇女“三从四德”的观念，强调女性的“贞节观”，也就是不失身、不改嫁。总之是把极少数人能做到的事情强加给大众，变成扼杀人性的规范。现在已经不值得提倡了。

我们要注意思想和观念的演进，有一条线路是非常隐秘的，但也是人心所向的，那就是如何让个体的生命更加自由，个人的权利更加壮大。

一个人，既有遵守贞节的自由，也有不遵守贞节的自由。只有经过这种自由选择，这样的贞节才具有意义。否则，便只是精英统治大众、男性奴役女性的教条和手段。

一个字加上偏旁部首后的意思可能就是此字的本义

知道“贞”的来源之后，就会发现其甲骨文结构简单，而在“贞”的本义消失之后，后人特地为其配一个偏旁部首，来代表这个字的本义，这就为我们理解现代汉字提供了一条思维线索。也就是说，当我们看到一个字很简单时，可以思考一下，如果为其加上偏旁部首，它会变成什么字，而那个字有可能就是它消失的本义。

要知道一个字的变化，就要善于做“加法”和“减法”

我们要善于做加法，也要善于做减法。

所谓做加法，是把某个字加上偏旁部首，看看会变成什么；所谓做减法，是把某个字多余的笔画，或者把流传过程中讹变的笔画去掉，再去看这个字。

这种思维方式不仅能够让我们更深刻地认识到汉字的变化，同时也可以运用到日常生活当中。

我们可以多多尝试如何做加法，如何做减法，在加减损益的过程中，就能慢慢靠近事物的真相。

洁

要知松高洁，
待到雪化时

本义：用刀把杂乱的余丝去除、切除，整理干净

“洁”（潔）的篆文是，其左边是三点水，右边是“絜”（最早见于战国文字）。

“潔”是由“絜”加偏旁分化出的孳乳[1]字，始见于篆文。“絜”的上半边是契约的“契”（“”是“契”的本字），下面是关系的“系”。

“契”是用刀刻画纹路。

“絜”的下半边“系”是“结绳缠丝”的意思，是指丝绳状物缠绕打结在一起。这是很形象的动作，我们现在“系”鞋带，都要打一个结。

因此“絜”的本义是指用刀把丝绳上的杂质、结头去除、剪断、

1 孳乳，有“繁殖”之意，泛指派生。

整理干净，后引申为除掉污垢。

我们打扫房间，把它整理得干净整洁，也是去除杂乱的过程。所以“洁”，也指没有杂质，没有乱七八糟、脏乱差的东西。

“洁净精微之学”——《易经》

“洁”的重要性在哪里？它发展出了古代一门学问——《易经》——“洁净精微之学”。

为什么把《易经》称为“洁净精微之学”？“精微”大家好理解，就是精深微妙。其实洁净也很好理解，《易经》教育人们扬善去恶，从善如流，做好事，不做坏事，这就称为“洁净”之道。让自己在变化中把污染涤尽，就称为“洁”。

学习《易经》可以让人洞晓变化之道，整体性地把握世间万物，考虑错综复杂的因素，同时让自己的意识水平和思维水平得到显著的提高。思维水平提高了，做事情就是“降维打击”。胸中无浊，即是洁净；义理迭出，即是精微。

要知松高洁，待到雪化时

陈毅写过一首诗：“要知松高洁，待到雪化时。”[1] 意思是，若想知道松树的气节究竟有多么高尚，等到雪化的时候就知道了。

1　出自陈毅《青松》。

“清洁”“高洁”“廉洁”，还有“洁净精微”，都是从“洁”字生发开来的。

学六艺[1]能带给人什么好处

孔子提倡学习六艺——《诗》《书》《乐》《礼》《易》《春秋》，学习这些对人有什么好处呢？学《诗》，可以让人温柔敦厚；学《书》，可以让人疏通知远；学《乐》，可以让人广博娱乐；学《礼》，可以让人恭俭庄敬；学《易》，可以让人洁净精微；学《春秋》，可以让人属辞比事。[2]

---

1 六艺的另一种说法：礼、乐、射、御、书、数。

2 指连缀文辞，排比事实，记载历史。后泛称作文纪事。

男

不是所有的男人
都叫大丈夫

本义：男性在田里犁地

“男”的甲骨文是，看起来像是一个人在犁地的样子。后来写成“力”，所以，“男”的本义是指劳动者在田里翻地、劳作。这个劳动力就是家里的男性。

男强女弱，符合天地之道

“男”体现了自然界对人类义务的分配。在传统的农耕文化里，男主外女主内，男耕女织；男性要干体力活，女性要做家务；男性在外面冒风险，女性在家里营造出安稳的家居氛围。男性强壮，女性柔弱。男性是天之道，自强不息；女性是地之道，厚德载物。

男性刚强，但却易脆易断；女性柔弱，但却坚韧不拔。所以两者常常需要互补。

男不“尊”，女不“卑”

中国古代男权和女权的分配，其实不存在男尊女卑。比如夫妇的“妇”，是指女性在家洒扫庭除，用扫把扫地；与此同时，男性也没闲着，他在地里耕种、劳动。实际上这是很公平的分工。

表面上看起来，男性在社会主权里更有地位，更有话语权，或者说更有支配权，但是男性到了家里就会听从女性，尤其是母亲、祖母的建议。

比如在《红楼梦》中，地位最高的不是男性，而是贾母。这是因为贾母关照到了家族里的方方面面。而且你会发现，如果一个大家庭里没有老祖母，没有母亲，这个家庭就会缺少温馨的氛围，更不能紧密地团结起来。所以每到逢年过节时，家里如果女性长辈还在，家人之间就会其乐融融；如果女性长辈不在了，家里就显得冷冷清清。

所以一般传统家庭，外界大事是男性做主，家庭内事是女性做主。

“大丈夫四海为家”“大丈夫何患无妻”“富贵不能淫，贫贱不能移，威武不能屈，此之谓大丈夫”

从古至今，达到什么样的标准才是一位合格的男性呢？

“大丈夫”是男性的专称。大丈夫蕴藏着很多的含义，比如说“大丈夫四海为家”，是指男性要出去闯荡奋斗；“大丈夫何患无妻”，是指男性要潜心发展事业，有了事业自然就有了家庭；还有《孟子》里讲的“富贵不能淫，贫贱不能移，威武不能屈，此之谓大丈夫”，我认为，是对男性最高的评价。

“富贵不能淫”——富贵不能使我贪恋；“贫贱不能移”——贫困落魄也不能移去我的人格，我的志向；“威武不能屈”——强权不能使我屈服。在中国传统社会里，这是最高洁、最有道德修养和人格魅力的男性品德。

拥有这些高贵品德的男性，我们称他为“君子”“大人”或是“士”。西方往往称为“骑士”“绅士”。

不是所有的男性都能够称为“大丈夫”，只有那些经历过考验仍不改初心的男性，才配得上称作男子汉大丈夫。

效

『大人』在变大之前，
都有效仿别人

本义：在战斗中射击、拼杀

“效”的甲骨文是。左边代表着箭矢的“矢”，右边是手持武器的样子，描绘的是战士在战场上手持箭矢和武器，猛烈战斗的情景。

所以“效”的本义是在战斗中射击、拼杀。

“效忠”“效仿”“效法”“效果”“见效”“傚”

“效”的本义是打仗，还引申为效果、见效，意思是战胜了，取得一定的成果了。也可引申为“效忠”，还引申为效仿、效法，指学习打仗。

古人也把“效”写作“俲”，是一个合并字，特指效仿、模仿、效法、效劳、效忠等。

“君子是则是效”

《说文解字》中说：“效者像也。”“像”是指相像、模仿。《墨子》中有一篇《小取》，其中也说：“效者，为之法也。”是讲效和法之间的关系，效就是用小法模仿大法。《诗经》里也说：“君子是则是效。”其中“效”同“俲”，意思是君子要想变得有原则有修养，也要从正确的模仿开始。

“学”就是不断效仿的过程

《论语》中说：“学而时习之，不亦乐乎？”

“学”是不断效仿的过程，“习”是指温习，意思是在效仿之后还要不停地训练，才能在效仿的基础上得到新的体悟和心得。这个过程就是“学”和“习”。

“学”是理论上的，“习”是实践上的，由“效”而“习”的过程就会产生意想不到的效果，日积月累就会从量变产生质变。

『才』是人的格局

才

本义：建房子

“才”的甲骨文是，其结构就像用梁柱把房屋撑起来的样子。一横代表着梁，一竖代表柱。所以，“才”的本义是指建房子。

“帝王之才”“人才”

后来“才”引申为才干、才能，比如说某人有“帝王之才”，其含义就是用才能把天下这座“大房子”撑起来。

古人经常说胸怀天下，胸罗万兵，才能有大格局，才算有帝王之才。帝王之才，就是天下的“顶梁柱”。

后来，又在“才”的左边加上木子旁，即“材”（篆文为）。能干之士，称作人才；有用之物，称作材料。

保全自己的最好方法就是做一个“无用之才”

庄子认为，无用之才是大才。才大不堪用，你指挥不了，使唤不动，他有自己的主见。

什么叫无用之才？意思是不能被使用。例如一棵树粗壮挺拔，就会被人过度挖掘出价值，以至于被砍掉做桌子做顶梁柱等等，总之树的生命会因此而断送。

一棵树只有是无用之才，生命才会长久。庄子告诉我们，想要在乱世保全自身的智慧与生命，最好的办法就是把自己变成无用之才。只有无用才是大用，只有无用才能不被他人利用，从而让自己的生命更圆满。

一个人的才能，遇到欣赏他的人，才不会明珠暗投。但这往往是可遇不可求。因此最好的办法，就是不求为人所用。让自己的心性壮大，不假外求。

这并不是说人们不用找工作了，都失业了。而是说，假如你对自己的才能有认识的话，你对自己的标准就会高于他人对你的标准，你对自己的要求就会高于行业对你的要求。这样患得患失就影响不了你了。

你是大才还是小才

如何正确地看待“才”？有的人有小才，就喜欢大家为他鼓掌，喜欢被看到，喜欢炫耀，喜欢像动物园的猴子一样被人观赏。

如果人有大才，可能会显得不合群，或者说鹤立鸡群。离人群远远的，自己一个人待在角落里，是孤独的也是完整的。

所以，有“小才”时不要沾沾自喜，有“大才”时也不要自以为是，总之，自在圆满就好。

顺天时，应地利，人才能把“才”光大到极致

《三字经》里说：“三才者，天地人。三光者，日月星。”“三才”是指在宇宙天地之间，最有才能、最有才华的天、地、人。“天”代表着时间，“地”代表着空间，“人”则处在时间和空间之中。这三者统一起来，才能发挥出最大的才能；这三者如果运行相背，就会出大问题。所以顺应天地，感应天地，才能把“人”的才能、才华发挥到极致。

你为什么活得不如意——只盯着眼前的东西

知道“才”的来龙去脉后，我们如何判定自己的才华？如何判定自己是否有做顶梁柱的能力？自己究竟是大才还是小才？

大才意味着你的格局大，小才则意味着你的格局小。所以，如果你在人生的进程中总是纠结于一些细枝末节的事情，就意味着你是一个小才的格局。如果你着眼于一些大的问题，比如思考自己和他人的前途命运，那么你的格局就是大的。我们应该尽量多去思考，去观察一些大方向的东西。

《稀缺：我们是如何陷入贫困与忙碌的》一书中曾提到，稀缺是人类的本质。如果我们只盯着眼前的东西，就会导致思维短板，不去思考战略和长远的意义；因此我们会变得越来越穷，也越来越没有时间。

这就有点像开车，你只盯着眼前是开不好车的，“风物长宜放眼量”，[1]要看着远方，格局才开阔起来，方向才能控制自如。人活得不如意，常常是因为格局小，为鸡毛蒜皮的事发愁，自寻烦恼，心胸不开阔。

要想让自己有“大才”，首先要有长远的眼光和大的胸怀格局，这是我们学习“才”这个字的主要意义。

---

1 原句是“牢骚太盛防肠断，风物长宜放眼量”。出自于毛泽东的诗《赠柳亚子先生》。

良

一切从『致良知』出发，
才能享受到真善美的大欢喜

本义：宫殿四周的过道

“良”的甲骨文是，代表着宫殿的入口。其上下都是指通道，中间指宫殿。所以它的本义就是宫殿四周的过道。后来本义消失了，另造了一个“廊”字，走廊就是这么来的。“良”则变成了“良好”之意。

还有一种说法认为，“良”是艮（gèn）卦的“艮”上面加一点，这种说法也解释得通。“艮”来自于《易经》，艮卦代表山，是指深藏不露或深藏孕育。

《易经》还有一卦叫“地山谦”，是一个谦卦，有着很谦虚的含义，是指山潜伏在地的下面。“艮”上面加一点，即“良”，指深藏孕育之后的萌发，有着美好的意思。但这是义理上的解释，不是字形上的解释，我们还是遵循甲骨文的解释。这是由于甲骨文已经被运用很长时间了，是一个很成熟的文字系统了，比较接近字的本义。[1]

“郎”“廊”“娘”“粮”“食”

后来，“良”的本义消失之后，后人又给它加上双耳旁（邑，城，指宫殿区），即“郎”（篆文为），指代在宫殿中任职的人士。后专指男性，形容男性看着就像风景一样优美，而且给人一种很气派、很可靠的感觉。

在“良”的上面加上广字头，即“廊”，代表“良”的本义——宫殿的过道。篆文为。

后宫的诸位娘娘，也是从“良”引申而来的，指宫殿中的女性。甲骨文写作。古人称母亲为“娘”，也是这个意思，因为母亲很美又非常可靠，所以用了“良”的引申义。

“良”的引申义是美丽的、能干的、风景优美的意思，它可以用来形容其他的诸多器物。

---

1 艮，多数学者认为是怒目之意，与见字同源，是很、狠、恨之初字。另一义为八卦中的艮卦，艮为山之意。

一切从“致良知”出发，才能享受到真善美的大欢喜

“善良”就是美好的东西，明代哲学家、心学集大成者王阳明，还把“善良”发展成一套哲学思想，叫“致良知”，这是从孟子发展过来的，孟子认为，人人都有“恻隐之心”，“人之初，性本善”。

王阳明有四句教：

无善无恶心之体，

有善有恶意之动；

知善知恶是良知，

为善去恶是格物。

可以说，道体未动之前，为性，无善无恶；大化流行之后，生情，有善有恶；不为习气所蔽者，天良现出，故知善知恶；勇于践行亲躬者，格物有功，为善去恶。

人人都有良知，只要良知未泯，我们的天性就有进一步扩充、发扬的可能性。所以我们每个人都要好好维护自己内心的良知，才可以看到如画的宫殿、鲜活不变的山川河流，真正地拥有真、善、美。

总释

『女慕贞洁，男效才良』

“女慕贞洁，男效才良”，是指男性和女性应该具有的品质。

“女慕贞洁”，就是女性要有坤德，厚德载物，方具有坚贞不屈、洁净精微的品质。

“男效才良”，男人应该效仿栋梁之才的作为，勇猛精进，才可能成为家国的顶梁柱；具有天行健，君子当自强不息的品质。更应具有经天纬地、经邦纬国的胸怀。

这段话是讲男性和女性的分工和特点，男人要有男人样儿，女人要有女人样儿。男性和女性分别具有不同的性情和德行。好男儿就要立不世之功，好女儿就要坚贞守一。从生物学策略来看，这同样是人类繁衍的最优方案，男性要通过自己的才能证明自己的遗传基因是优良的；女性呢，则要通过自己的坚贞证明自己能专一抚养好后代。

但是这对现代女性而言，不是普遍适用的“坚贞”观念，因为现代女性也有选择独身、追求事业的自由，也就是说，现在的“坚贞”观念更加宽泛了。

柒

CHAPTER 07

知过必改，得能莫忘

“知过必改，得能莫忘”告诉我们，知道自己的过错一定要改正，而对于有能力做到的事情一定不要忘记、不要放弃。

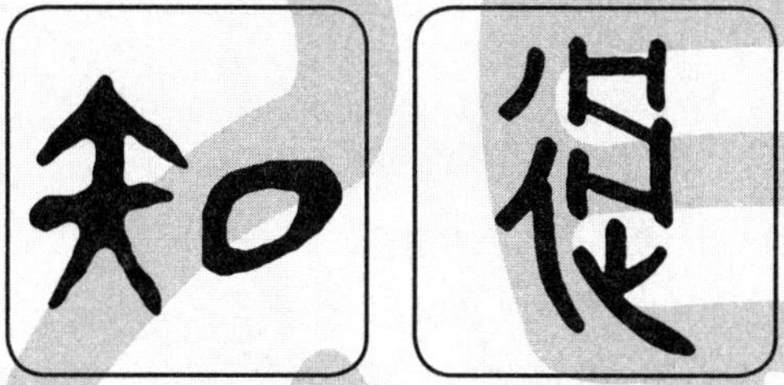

知·168　过·171

必·175　改·178　得·180　能·184

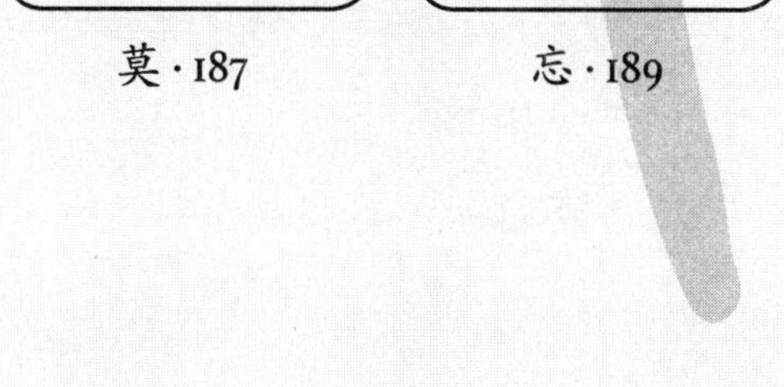

莫·187　忘·189

知

『人不知而不愠，不亦君子乎』

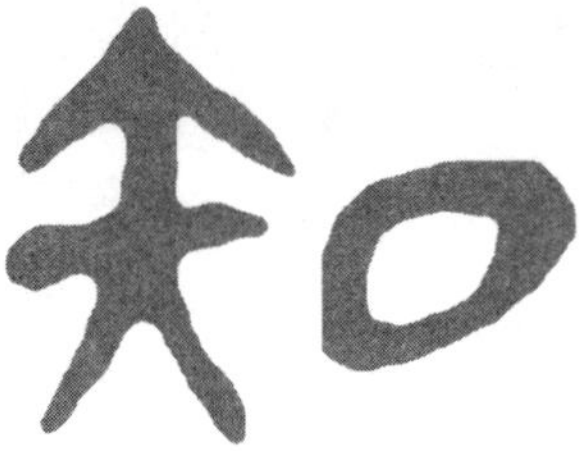

本义：挑选箭矢，告诉大家

“知”的金文是，左边是箭头加上箭羽的尾巴，右边是一个人张着嘴的样子。因此“知”的本义是挑选武器（箭矢），并大声说出来，告诉大家其用途、使用方法。

知识：认知辨认、挑选武器

知识的“识”，也是指挑选兵器。准确而言，“知”是挑选箭等远程射击的武器；“识”是挑选刀、枪、剑、戟、戈等近距离作战的武器（“识”的金文是，由言和戈组成）。所以“知识”最早的含义是认知、辨认、挑选适合远近作战的武器，并且告诉别人挑选和使用的方法。

知识这两个字，也是从血与火中来的，是用于战争和打猎，目的是更好地生存下去。这样才有未来，才有新的文明产生。文明（择手段）都是从野蛮（不择手段）中产生出来的。

“知足常乐”“知者不惑”

“智”是从“知”演化过来的，[1]西方哲学家苏格拉底就提出过“爱智者”，[2]倡导人一辈子都要做热爱智慧的人。

在东方，孔子提出了更多关于“知”的观点，比如“知之为知之，不知为不知，是知也”。你明白自身的不足或在知识上的短板，这本身就是一种智慧。你知道自己不知道，也是一种知。很多人不知道自己不知道，于是狂妄，知一说十，这不是做学问的方法。做学问，要勇敢地承认自己的无知。因为你知道的越多，无知的边缘和范围必然越大。

所谓学问，其本身就构成了一种知识，关于学习方法本身也是一种知识。“如何学习”本身就是一种学习。孔子不仅教授知识，也教授如何学习知识人的知识。

孔子曾经说过：“人不知而不愠，不亦君子乎？”人家不了解（我），（我）也不生气，不也是在品德上有修养的人吗？这句话可以

1　此处需强调：智的下半部分为曰而不是日。

2　在希腊哲学史上，毕达哥拉斯是第一个自称“爱智者”的人。赫拉克利特用“爱智者”泛指一切受过教育和有学问的人。柏拉图把“爱智者进”一步规定为从事思考真理的人。

和孔子的另一句话进行参照:“不患人之不己知,患不知人也。”他不担心别人不了解自己,只担心自己不懂得他人。这便是“严于律己,宽以待人”的品格,孔夫子也向我们展示了什么是“同理”和“共情”的能力。我们要从孔子身上学习关于“知”的智慧。

另外,老子还有“知足常乐”的名言,他说:“祸莫大于不知足。”不知足,不懂得停止,就会走得太过,就会走向反面,像吹气球一样不知道停止,总会爆掉。他总结说:“知足之足,常足矣。”后来被民间说成“知足常乐”。这句话同样可以和老子的另一句话互参,他在《道德经》第四十四章中说:“名与身孰亲?身与货孰多?得与亡孰病?甚爱必大费,多藏必厚亡。故知足不辱,知止不殆,可以长久。”老子反复地说,可见语重心长,直指人性的弱点。

再回到孔子,他有言:“知者不惑。”[1]他的意思是有智慧的人不会被迷惑,也不会受诱惑,他所有的困惑都解除了。当一个人的内心不再是惶惑不安,而是恒常得定时,就达到了很高的境界。

---

1 子曰:“知者不惑,仁者不忧,勇者不惧。”

过

过去心不可得

本义：生命在岁月的行进中最后化为枯骨

“过”（過）的金文是，左边的是行进的意思，后演变成走之底；右边的代表着骸骨，借指死亡，后来逐渐演化成“”，其后又演化成“寸”。

所以“过”的本义是：生命在岁月的行进中化为枯骨。

“过去”：既有时间概念，又有地点概念

“过去”两个字，既有时间概念，又有地点概念。

比如说“你过来”“我过去”，你到我这边来，我到你那边去，都是地点的交换；又比如说“听妈妈讲那过去的故事”，这里的过去是指以往，是当今的时间以前。

李白有一首诗《宣州谢朓楼饯别校书叔云》，有“弃我去者，昨日之日不可留；乱我心者，今日之日多烦忧”之句。凡是“弃我去者”，都是已经过去的“不可留”，这是对时间流逝的惆怅。《金刚经》里也说，“过去心不可得，现在心不可得，未来心不可得”，也是指时间处于流逝的状态，一切都是抓不住的，所以我们要保持一种空性，要抓住目下（在目下保持警觉），才是抓住生命里最真实的状态。

真实的状态：万事万物都在向死而生

“过”有着两层含义，第一层含义是慢慢走向死亡的过程，这是由于“咼”是骨头的“骨”的一个变形写法，指的是残骨；第二层含义是，一切都是在变化的，尤其是人的生命就是“成住坏空”的过程——“成”是生命的开始，有留“住”的时间，有体“坏”的衰亡，有归于虚无的生命成“空”，这是一个开始、存在、衰坏，最后归于虚无的过程。

在理解“过”时，实际上就是要理解万事万物都是在发生变化的。比如说“夏虫不可语冰”——只能存活于夏天的虫子没办法跟它说冬天的事儿，说了它也不懂，因为它跟人相比，“过”得太快了。

万事万物都在变化之中，变化就有生灭。没有灭，就没有生。所以死亡并不可怕。

人都处在走向死亡的过程，忌讳死就是在耽误生

我们的生命中特别缺少一种教育，那就是生命教育、死亡教育。我们经常忌讳死，这一点是很不好的。

在整个人生过程中，我们要知道“存者忽复过，亡殁身自衰”，这句出自曹植的《赠白马王彪·并序》。曹植是在感叹人的肉身“存者忽复过”，就是说“成住坏空”的“住”很快就会过去；“亡殁身自衰”是在感叹，我们都会有死亡的那一天，我们的身体都会衰朽腐败。

《神雕侠侣》的主人公叫杨过，这个“过”就是从过去、过程中引申而来，解释为过错、过失。对以往的经验、事情有着错误的判断，由此造成的过错。而某些过错是无可挽回的。

所以，我们要小心谨慎地面对未发生的事情，对已发生的事情、已造成的过失总结经验和教训，这就是“过”带给我们的智慧。

平常心之道就是“你过来，我过去”

“你过来，我过去”是禅宗的公案，说有一次徒弟在非常危险的独木桥上，拿着刀指向师父，说：“你告诉我到底什么是佛。你今天不说，我就要杀了你！我参悟什么是佛性已经参悟了十年了，十年过去还是没有参悟出来。现在，你要不告诉我什么是佛，我就和你同归于尽。”只见师父对徒弟轻描淡写地说：“佛性就是‘你过来，我过去’。”说完他就把徒弟给拉过来，自己扬长而去。徒弟顿时就开悟了。

开悟的原因很简单，“你过来，我过去”，说的是平淡生活的本质。不要好高骛远地去寻找貌似玄奥深刻的东西，其实这种玄奥深刻的东西，就在我们身边，就是“你过来，我过去”这种平常心之道。尤其是在面对生死存亡的时刻，仍要保有平常心。

所以说直心是道，吃饭的时候只是吃饭，睡觉的时候只是睡觉，心中没有那些杂念，专注于当下就是平常心之道。

“你过来，我过去”就是专注于目下的平凡日子。

必

『言必行，行必果』

本义：缠绕、握紧器具

“必”的甲骨文写作，是指用手掌握住容器。

“必”的金文是，是在的两侧加上两竖指事符号，容器就变成了兵器。《说文解字》说“必”（篆文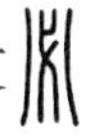）是“从戈、从八”，是武器“戈”加上“八”，“八”代表着能够掌握住武器，所以“从戈、从八”是理解“必”的重要门径。

必须纠缠是“务必”，不要纠缠是“勿必”

“八”是什么意思？据专家考证，“八”是武器上的手柄，这个手柄是用竹子或柔软的编织物包绕、包裹而成，是为了在打仗发生撞击时手不会被震开，所以一定要缠绕缠紧手柄的位置，产生摩擦力才能便于握住，同时又有减震防震的功能，所以“必”有缠绕之意。有的时候我们不要缠绕，不要纠缠，所以有“勿必”；有的时候我们必须缠绕，必须纠缠，所以有“务必”。

你是要“言必行”还是要“勿必”

“言必行”，说出话来就应该做到；“行必果”，去做的事一定要有结果，这是“必”褒义的一面。

“必”也有贬义的一面，比如孔子说的“勿意、勿必、勿固、勿我”，合称之为“意必固我”，意思是不要意气用事，不要太过在意自己的念想。“勿必”就是你不是必须要产生行为结果，不要把一个东西握得太紧了；“勿固”即不要太固执；“勿我”是不要太有自己的私心，“意必固我”是古人强调的道德修养。

究竟“言必行”是对的，还是“勿必”是对的，角度不同，定论不同。总而言之，一件事情做有做的道理，不做也有不做的道理。

必须

“必”的本义消了之后，就变成了必须之意，必须去做什么。

“须”的甲骨文是，指脸部的毛发。“须”的左边三撇是指毛发，右边的“页”是指面部，跟“页”有关的都是指头部、面部，所以“须”指胡须。段注本《说文·页部》：“須，頤下毛也。从頁、彡。”看篆文已经很清晰了。

“必须”是什么意思呢？经常要去包绕、缠绕、修饰胡须，就叫必须。过十天半个月要修剪一下，打理一下胡须，所以必须最早的意思是指清理面部的行为。

我们现在把“必须”引申为一定要去做的重要任务。“必须去做”就是使用了“必须”的引申义。

改

棍棒底下出孝子

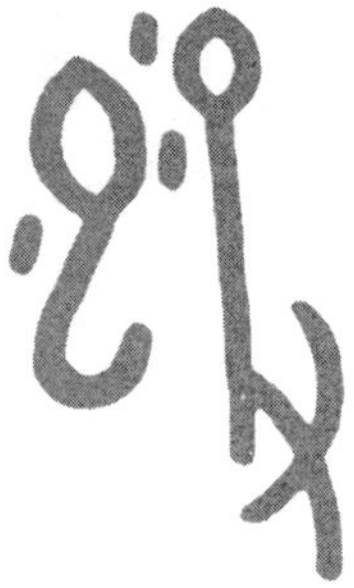

本义：体罚孩子

打孩子，现代社会称之为体罚，古时候用一个字来形容——改。

“改”的甲骨文是，左边是“已”，其甲骨文是指尚未发育成熟的幼儿；右边是手拿着棍棒敲击的样子。所以“改”的本义是手上拿着棍棒教训孩子。而且甲骨文非常形象，有像眼泪的几点，表示孩子还在哭。

“改革”

“改”经常和“革”连用。因为“革”比“改”还可怕。“革”是什么意思呢？

“革”是将动物的皮毛进行鞣制加工。“革”的甲骨文是表示

撑开兽皮使其晾干。“革”的金文  则能看到现在的样子。

“改”是针对小孩儿，“革”既针对人也针对动物。所以，“改革”都是从生命、从痛苦中来的。

改革有时要大张旗鼓、大动干戈，所以难免会触动、损害既得利益者的利益。改革就是动手术，会痛、会难受，但不改革可能就会快速灭亡。

在历史上，永远有改革派，也永远有保守派。而且还有许多错综复杂的问题，改革的方向可能是好的，但具体的措施不得力，也会适得其反。

“过而能改，善莫大焉”

《左传》曰：“过而能改，善莫大焉。”古人认为，知错能改，是大丈夫的行为。知道错误并改正，能洗心革面，痛改前非，这是一种自我鞭策，这个棍棒不是别人打的，而是自己打给自己的。

《论语·雍也》提出“不二过”（孔子称赞颜回），意思是同样的错误不会再犯第二遍，同样的错误能立刻改正。这个改正不是外力强加的，而是一个人对自身的高标准要求。

拾贝即得

得

本义：到湖海之滨去拾贝壳

“得”的甲骨文是，左边的代表行走，右下角的是手，代表贝壳。所以，是表示长途跋涉到湖海之滨去寻觅和拾捡贝壳。因为贝壳是最原始的货币，也是原始的珍贵的装饰物，所以拾贝就叫作得。“得”可以说是淘金的行为。

“得道多助”“得失寸心知”

“得道多助，失道寡助。”有道义、仁义的人帮他的人就多，没道义、仁义的人帮他的人就少。

杜甫的《偶题》开篇就是“文章千古事，得失寸心知”。意思是：文章是流传千古的，得到和失去之间，心里应该是有一种估量的。

周有光先生在一百岁之后，出了一本书叫《拾贝集》，也可以理解成“自得集”，在这本书里，他把在生命中领会到的智慧与心得分享给大家。

“德者，得也”

古时候“得”和道德的“德”发音相近，常通用。

“德者，得也。”意思是如果你想做一个有道德的人，首先要“自得”，在内心对道德哲学要有所领悟，有心得，慢慢自我修养就上来了，称之为有道德。

有德的人不会迷失方向，有道的人知道往哪个方向走

“德”的甲骨文是 ，很好理解，意思是在行路要用眼睛看方向。金文  在右下角加了一个心字，指行路时要小心看路，别走错了方向。或许有人会感到疑惑，走路怎么会走错方向呢？因为最早的时候本没有路啊，当然会迷失方向。

“道”的甲骨文  是指人在行路，人在途中。金文  从行、从首，指在走路的过程中，大脑非常清醒且目光如炬，知道往什么方向走。“道”“德”二字中都有大大的眼睛。

所以有道德的人头脑清醒，不会迷失方向，知道自己的人生目标，洞悉自己的使命和天命所归。

因此，有德的人不会迷失方向，有道的人知道往哪个方向走。有道德的人也就被称为得道之人。

世间谤你、欺你、辱你、笑你、轻你、贱你、恶你、骗你，你待如何

中国历史上有两个很著名的得道高人，分别是寒山、拾得。

寒山是一个诗僧，他做了个偈子说：“我心如明月，寒潭清皎洁。无物堪比拟，更与何人说。”这是一首悟道诗，是说自己的心就像天上皎洁的明月，非常明亮，一尘不染，没有什么可与之相比，更不需要让谁知道。

与寒山齐名的人是拾得，拾得是个孤儿，被山上的老和尚在路边捡到，起名“拾得”。

寒山和拾得为了看对方的精神境界、道德修养有没有提升，经常在一起交流学问，互相磨砺，彼此敲打。有一次，寒山问拾得：“世间谤我、欺我、辱我、笑我、轻我、贱我、恶我、骗我，如何处之乎？”拾得这时候说了一句被称之为千古名言的话：“只是忍他、让他、由他、避他、耐他、敬他、不要理他。再待几年，你且看他。”这句话的意思是：万事是有因果报应的，你有自己的使命，所以只需按照自己的方式继续向前走，你不必去管他，恶人自有恶人欺，恶人自有恶人磨。

佛家有六度般若，其中一度般若是“忍辱般若”，就是耐他。不但忍耐，你还要尊敬他，敬而远之即可。

自得:“富润屋，德润身”

上面这一番话也可以作为我们如何自处，如何成为一个有德行的人的座右铭，希望大家能够做到怡然自得，得到精神上的充实与满足。

曾子说过一句话:“富润屋，德润身。”意思是富贵能给你的物质生活带来很多好处，但好的德行能让你内心欢喜自在。所以我们若想“自得”，不仅要在物质条件上下功夫，更要在修养上下功夫。

能

『以能问于不能，以多问于寡』……

本义：熊

“能”是“熊”的本字，甲骨文是。因为熊的力量比较大，人类面对一头庞然大物时，自然会产生一种崇拜、敬畏和恐惧的心理，于是就造出了“能”这个字。

后来“能”和“熊”逐渐分化，金文与现在的“能”比较像。在“能”字中仍然可以看出，左上部分头，左下部分的“月”（肉）表示身体，右边两个匕首的“匕”其实就是熊的四只腿。

“能力”“能干”“能量”“能工巧匠”

曾经有一句广告语叫“我能”，表现出了一个人满满的自信。“能”又引申为“能力”“能干”“能量”。

“能”印证了古人对动物强大力量的崇拜，后来，“能”发展成卓尔不群的象征。

“能工”和“巧匠”是两个概念。“能工”是指勇猛、勇敢，极有力量，做出的东西恢宏大气；“巧匠”是指人的心很细，技术奇巧，能做出很多有装饰性的、工序很繁复细密的艺术品，像绣花一样。

“能工巧匠”是对一个人很高的评价，称赞他既能做很庞大的东西，比如修长城的人就称之为“能工”；又能制作很微小很细密的东西，比如微雕、象牙等，这种人被称之为“巧匠”。

因此“能工巧匠”是形容人心既大又细，既能从宏观把控大局，又能专注于细节。这样的人在自己的行业里往往能做到第一名，拥有宽宏的气概、战略性的眼光，又具有缜密的心思，非常注重细节。

“以能问于不能，以多问于寡”

在《论语》中，孔子的学生曾子说过一句话：“以能问于不能，以多问于寡……”

这句话的意思是，有的人懂的虽然比我少，但是知道一些我不知道的东西。打个简单的比方，一个会拍电影的人，必然要重视不会拍电影的人的想法，因为电影是给观众看的。这就是“以能问于不能”。观众虽然不会拍电影，但并非没有资格评价电影。

我们常常有一个误区，认为如果不会做某件事，就没有资格去评价在做这件事的人，这是不对的。比如 NBA（National Basketball Association）教练，他自己打球可能并不有名，却能培养出拿总冠军的球员。

所以“以能问于不能”也是这个道理，不能因为你会打篮球，你就指责不会打篮球的人有什么资格评价你，他虽然不会打篮球，但是他很可能会你所不能的东西。

以能问于不能，有时很难。因为当你稍稍做出一些成绩时，难免沾沾自喜，眼高于顶，心高气傲，睥睨一切，以为自己比别人强，这时候尤要注意，每个人都有自己的长处，他在某一方面不如你，并不意味着在其他方面不如你。而且，事情往往是“旁观者清”，你没看清楚的地方，别人可能一清二楚。

以能问于不能，意味着“尺有所短，寸有所长”，人应该具备这种谦虚精神，才能使自我更加完善。

莫

『日暮乡关何处是，烟波江上使人愁』

本义：太阳下山，阳光隐入了丛林野草之中

“莫”是“暮”的本字。

“莫”的甲骨文很形象地写作，形容太阳落在草丛中。的中间是日，四周是草丛。

所以“莫”的本义是太阳下山，阳光隐入了丛林野草之中，引申为没有、消失、不知道等具有否定含义的词。因此楷书又另外造了**暮**，特指日暮、黄昏的状态。

所以“日暮”可以写成“日莫”。在《广雅》中就说“莫者夜也”，是天要黑的样子。

“莫名其妙”“爱莫能助”“莫逆之交”

“莫”现在引申为否定含义，多指没有、不要做什么。

“莫名其妙”的意思是不知道什么情况，有着否定的作用；“爱莫能助”的意思是人们内心愿意，但是没有能力去帮助，也表示否定；“莫逆之交”是指两个人彼此非常的顺合，没有互相对立。

“莫知”“莫不”“莫大”

“莫”嵌用在白话文写作中会非常简洁。在表示否定时，一个“莫”字就够了。大家要去体会这样一种用法。比如不知道可以用“莫知”，比“不知道”就少一个字，这是炼字的方式。“莫”还有一个用法，比如说“莫不”。“莫不”复杂一点，它是双重否定。“所有的人莫不同意”，是所有人都同意的意思。“这是莫大的光荣”，这里的“莫大”指的是特别大。

“日暮乡关何处是，烟波江上使人愁”

前面说过，“莫”的本字是暮，是指黄昏时分。“日暮乡关何处是，烟波江上使人愁”[1]是非常好的一句诗。既写景：日暮、乡关、烟波、江上；又写情：“何处是”是迷惘的思绪，“使人愁”是忧虑的情绪。

1　出自唐朝诗人崔颢所作《黄鹤楼》。

忘

『不忘初心，方得始终』

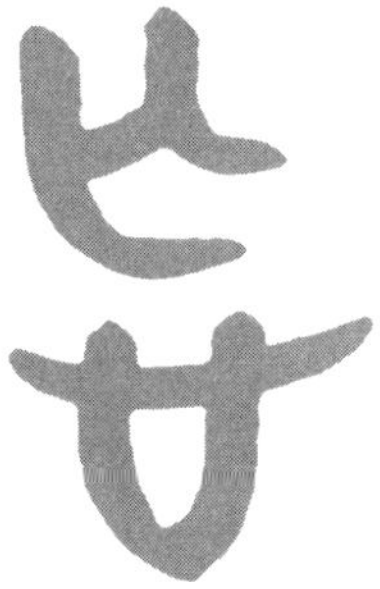

本义：内心不记得了

“忘”的上半边是“亡”，甲骨文是，一个人手持着盾牌防御、逃命的样子。比如我们说“伤亡严重”，意思是受伤的人和逃跑的人比较多，后来引申为受伤和死亡。

“忘”的金文是，上亡下心，表明内心不记得了、记忆遗失了。《说文解字》说：忘，不识也。

“忘”是会意字，表明一个人心中记得的事情消失了。我们说一个人忘性很大，就是说这个人经常忘事，答应了的事不兑现。

“念念不忘，必有回响”

电影《一代宗师》中有一句很经典的台词：“念念不忘，必有回响。”很多人都以为这句话是王家卫的原创，其实不是，这句话实际上出自佛学大师李叔同，也就是弘一法师。李叔同在《晚晴集》里说：“世界是个回音谷，念念不忘，必有回响，你大声喊唱，山谷雷鸣，音传千里，一叠一叠，一浪一浪，彼岸世界都收到了。”

这句话蕴含的理念是，一念升起，十方震动，当你兴起一个念时，会发出一种波，十方世界都能够收到它。就像往海水里扔下一颗石子，产生的力量是不会消失的，反而会叠加传到很远的地方。蝴蝶效应就是在叠加的过程中产生的业力。

业力是佛家的称谓，也可称之为因果不虚，因果相续。你造的业会在另外一个你不知道的时间和空间里产生你不知道的后果，这个后果会返回来，再经过传递之后又会反射到你身上来，你自己要承担这种业力和果报。所以叫念念不忘，必有回响。

不忘初心，方得始终

还有一句话也说得很好，是“不忘初心，方得始终”。我们始终要记住最初的理想，以及促使我们坚持走向远方的动力。否则在充满诱惑的道路上，一念不慎就会在分岔口走上歪门邪道。

当人长大后，也许就忘了小时候许下的诺言，忘记了曾经的梦想，比如当科学家、作家、艺术家……所以，到最后都变成了俗人、普通人。这就是因为我们把自己的初心丢了，所以只有念念不忘的初心，最后才有可能修得正果。

总释

『知过必改，得能莫忘』

在“知过必改，得能莫忘”这句话中，“知过”对“得能”，“必改”对“莫忘”，这是以对仗的方式告诉我们，知道自己的过错一定要改正，而对于有能力做到的事情一定不要忘记、不要放弃。

知过必改就是要学习颜回的品质“不二过”，同样的过错不犯第二次。这比孟子讲的“人恒过，然后能改”更高级，孟子说的是普通人，要恒过（经常犯错）才知道改正。

“得能莫忘”什么？“莫忘初心”，不要忘记了你自己最初的志向。不要在路途中，把志向丢失了。志向一丢，人就沦为了普通人，泯然众人矣。

捌

CHAPTER 08

罔谈彼短，靡恃己长

“罔谈彼短”是不要对别人的短处妄加评议，“靡恃己长”是不要骄傲自大，过分倚恃自己的能力和特长。我们追求的，甚至是此生的目的，就是不断寻求自我的进步和完善。

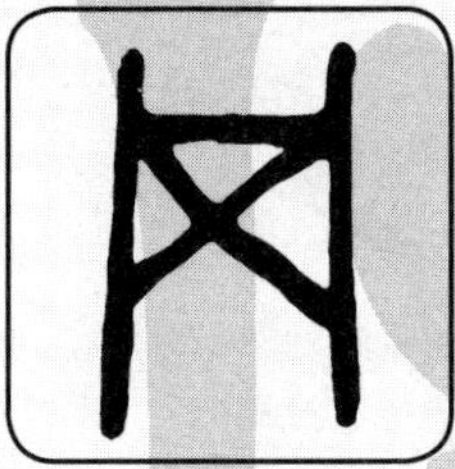

罔·194

谈·197

彼·200

短·202

靡·206

恃·209

己·212

长·214

学而不思则罔

罔

本义：网住了想要逃走的东西

“罔”的甲骨文是。

“罔”现在不常用，常用的是加上竖心旁的“惘”。“罔”和“网”发音一样，“罔”的本义同“网”，是“网”和“罔”的初文。

从“罔”的战国文字[1]能看出来，是在“网”里加上“亡”，意思是网住了想要逃走的东西。

“罔”有两个基本含义：一，同撒网的“网”，要网住东西；二，和“惘”的含义接近，是若有所失、迷惑不解的意思。

---

1 战国文字，是战国时期不同地区使用的文字的统称。是指春秋末年至秦统一以前这段历史时期内，齐、燕、韩、赵、魏、楚、秦等国曾使用过的六国古文字。它是汉字发展史中上承商周甲骨金文，下启秦汉篆隶的重要一环。

此情可待成追忆，只是当时已惘然

“罔”通怅惘的“惘”，“罔”加上竖心旁，强调心情上的惆怅、惘然。这个字最初见篆文。

在唐朝诗人李商隐《锦瑟》的诗句“此情可待成追忆，只是当时已惘然”，恰到好处地解释了处在感情朦胧期的男女之间暧昧的情感，以及对彼此错过的惆怅之情。“此情可待成追忆”，就是说一段情感在将来会慢慢地想起来；“只是当时已惘然”，是说在当时相处的过程中，彼此的感情是非常惆怅、惘然，只有等到错过之后再回想起来，才发现这是一段值得追忆的甜蜜故事。

蒙蔽、无中生有

“罔”同“网”，是突然从天而降一张网，网住要逃亡的东西，这是一种蒙蔽的感觉，也是一种绝望的感觉，所以被引申成蒙蔽、无中生有。

“罔民”“置若罔闻”

孟子在《梁惠王》中讲“罔民也”，这里“罔”是指普罗大众，各种各样的人交织成一张网，既包括人（古时贵族），也包括民（古时庶民），所以“罔民”不是现今互联网上的“网民”，而是指散落在普天之下的普罗大众。

“置若罔闻”是形容装作没听到的样子，对别人说的事情完全不管不顾，也就是俗话说的左耳朵进右耳朵出。

“学而不思则罔”

《论语》中说：“学而不思则罔。”这是“罔”最有名的用法。在这里，“罔”是指一个人在学习时不思考、探索、研究，就会陷入迷茫。“学而不思则罔”，正是运用了“罔”迷惑、蒙蔽的意思。

我们不要做一个迷惘的人，要做一个学而思的人。修学佛法的三大次第——“闻、思、修”，就是这个意思，要在听和思考之后再去学习，“闻、思、修”是读书的门道。如果我们只是重学而不重思，或者只重思而不重问，这都不是学问之道。

谈

学会谈心

本义：边吃食物，边交流

“谈”的金文是。

其左边是个言旁，表明交谈之意；右边是两个火加起来的“炎”，表示在篝火边交谈。

“炎”（甲骨文是两火相叠）有两层含义。

“炎”的第一层含义是远古时代的先民焚山而猎，火光上扬。医学上的炎症以及“发炎”（上火），都是借用了炎的第一层含义；炎的第二层含义是“啖”（最初见于金文），是指人吃用火加热的食物。

后来“炎”的第二层含义引申成了“谈”，一边吃热的食物一边说话，也可以说是边“啖”边“谈”。所以“谈”的本义是边吃食物，边进行交流。

两人以上才称“谈”

一个人是不能构成谈的，谈话应该是两个人以上。一个人可以称之为说，也就是“语”（甲骨文写作），“语”是说出自己内心的想法。例如“不敢高声语，恐惊天上人”[1]的意思是自己不敢大声说话，恐怕惊动天上的神仙。而谈话一定要两个人以上，像座谈会一样，大家坐在一起进行交谈，可以轮流发言，也可以互相争论。

有一个说法是“谈恋爱”，男女也是通过交谈来交流感情。所以有口才、会搭讪的人，就会在谈恋爱的时候占据主导地位。

下棋叫“手谈”，写信交流叫“笔谈”

大家都知道，普通人下棋叫下棋，高手下棋不叫下棋，叫手谈。

手谈就是用手说话、用棋子说话、用实力说话。因为下棋的时候是不说话的，那怎么窥见对方的心迹呢？你一招我一式，互相就能进入交流的境界。

文人之间写信交流，叫“笔谈”。两个人相隔很远，不能面对面促膝长谈，更不能秉烛夜谈，只能隔着千山万水、付诸笔端进行交流。有时候把作品写出来给别人看，写成札记，也叫“笔谈”。北宋沈括就写了一部笔记著作叫《梦溪笔谈》，书里不仅有社会学知识，还有很多科技方面的知识。

---

1 出自李白《夜宿山寺》。

学会谈心很重要

许多人以为，谈心最重要的是能说会道。恰恰相反，谈心最重要的是要善于倾听。只有倾听，对方才能感受到自己被尊重。通过倾听，明白了对方的想法，自己才有沟通的余地。

除了倾听外，还要真诚。因为你是否真诚，对方能够感知到。所以，真诚地倾听，自然就会有耐心。

谈心除了联谊之外，也能处理好许多和人际关系相关的事务，使我们自己的身心平和下来，能够一起面对未来。

中国人为什么喜欢边吃边谈？因为一起分享美食时最能让人放松。古时候的篝火晚会，美食加音乐加舞蹈，这种欢快气氛下的谈心，使所有人都能凝聚成一个集体。

知己也要知彼

彼

本义：人向外走

“彼”和“皮”的金文未分化，都写作。

到了篆文，“彼”分化出来了，加了双人旁（表前行），写作。

“彼”的左边是表示行走的双人旁，右边是“皮”，有外表、外部、向外的意思。人向外面走，外出，到别的地方，就称之为“彼”。后来引申为对方。

《说文解字》也说：“彼，往，有所加也。”说明“彼”的意思是要到较远的地方去。

“彼”还隐藏着血腥的含义。因为“皮”的本义是指用手活剥人皮。古时候活剥人皮有可能是用来祭天，也有可能是战争中的酷刑。

第三种说法：比箭的长度短的称为“短”

矢字旁加上“豆”，是用箭作为衡量短的标准，比箭的长度短的称为“短”。《说文解字》说：“短，有所长短，以矢为正。”用箭矢去衡量长和短，所以“短”的旁边有矢字旁。

无论哪种说法，其共同的含义都包括箭很短。

“缩短”“昼长夜短”“短缺”“短处”“护短”……

在“短”的本义消失之后，“短”就变成了形容词，形容空间距离小。比如缩短、短裤、短袖。

“短”也引申成时间少，比如说昼长夜短，就是时间上的缩短。

“短”又引申为短缺、短斤少两、缺乏、缺少。

同时，“短”还引申为缺点、毛病，比如说护短、揭短、短处。我们有长处，同时也有短处。

近几年新出现的词“短信”。“短信”是有一定字数限制的信息。

还有短篇小说，指容量不超过两万字的小说。

“何处是归程，长亭更短亭”

“何处是归程，长亭更短亭”，出自于李白的《菩萨蛮》，词里就提到了长和短的关系，并给人以一种落寞惆怅的感觉：

平林漠漠烟如织，寒山一带伤心碧。暝色入高楼，有人楼上愁。

玉阶空伫立，宿鸟归飞急。何处是归程？长亭更短亭。

李白说，我看到的景色，要么是“平林漠漠烟如织”，虽然很美，但也很孤独；要么是“寒山一带伤心碧”，虽然寒山一带的景色很好看，但那种碧绿之色却令人伤心。为什么？“瞑色入高楼，有人楼上愁。”天快要黑了，高楼之上有人在忧愁。在忧愁什么呢？“玉阶空伫立，宿鸟归飞急”，我自己一个人在这地方苦闷地站着，连鸟都已经归巢，而我还没有回到自己的家。“何处是归程？长亭更短亭。”哪里是我的归途？我的归途还有多远呢？归途是“长亭更短亭，”[1] 故乡路仍旧遥遥无期。在这首词里，“短”字非常精妙地表达了李白的寂寥和归心似箭的心情，读罢真是感同身受。

别意与之谁短长？

李白还有首诗叫《金陵酒肆留别》：

风吹柳花满店香，吴姬压酒唤客尝。金陵子弟来相送，欲行不行各尽觞。请君试问东流水，别意与之谁短长。

唐代真是了不起，都市生活繁华不息。李白去了南京，体验了吴地之美。临别的时候，作诗以留念。大家要注意，大诗人写诗几乎是没有技巧的，没有技巧是最高的技巧，话语从内心汩汩流出，没有任何修饰，全是直抒胸臆。也全是大白话，没有一个句子是读不懂的，对于现代人而言，也几乎不用翻译。

这首诗有着三个分镜头：第一个分镜头是宴会的场景，风吹柳

1　古代让人歇脚的地方就称为“亭”，每隔十里设一个长亭，每隔五里设一个短亭。

花，春天，交代时间；吴姬压酒，吴越之地，交代地点；第二个分镜头交代原因，也是倒叙手法，镜头移到金陵子弟身上，推杯换盏，各尽其觞，原来是为作者送行；第三个分镜头是李白的内心独白，也是千古名句，伟大的诗人确立了中国人离别的心理模式，只要一分别，就会想起“请君试问东流水，别意与之谁短长”。[1]镜头仿佛给了李白一个特写，能体会到他内心对别离须尽欢的豪迈与多情，然后镜头移到了滚滚长江东逝水，浪花翻腾，奔流不息，一别不回。

别意与之谁短长，短长即深浅。离情别意，各有滋味，谁的情深谁的情浅？尽在杯中之酒了，因此一杯又一杯，似乎无穷无尽，便也永无分别的可能。名为短长，实为惆怅。短者，时光匆匆也；长者，情意绵绵也。

好一个天上唐诗，绝无俗子俗情可言。李白四处仙游，中国读者千年仰视。

1 或者“劝君更进一杯酒，西出阳关无故人”；或者“莫愁前路无知己，天下谁人不识君”。

靡靡之音为什么好听

靡

本义：把麻分开整理的过程

“靡”最早可见于战国秦简。

靡是形声字，用“麻”的音，“非”是形旁。

“靡”的上面是“麻”，下面是“非”，“麻”（金文）是能用来做衣服的植物纤维，上面的广字头指“厂”，代指把植物纤维变成纺织品的作坊；“非”（甲骨文）是两个人背靠着背，代表意见不统一。

因此，“靡”是分开的意思。本义是把麻分开、剥离，让麻变精细的过程。

“喜则交颈相靡”“所向披靡”：摩擦、倒下

“靡”可以引申为摩擦、接触。《庄子》说，“喜则交颈相靡”，“相靡”就是“相摩擦”的意思。

“靡”还有倒下、散漫的意思。比如《史记》中的“汉军皆披靡，遂斩汉一将”，以及出自《梁书・萧确传》的“所向披靡”，都是这个意思。

“靡者无也”“靡室靡家”“靡日不思”：没有

如果麻分得越来越精细，那么麻的整体体积就会渐渐缩小，直至完全消失。因此，“靡”又引申为消失、没有。例如《诗经・尔雅》的“靡者无也”，“靡”就是没有的意思；而《诗经・采薇》说的“靡室靡家”，是没有房子没有家的意思;《诗经・国风・邶风》的“靡日不思”，意思是没有一天不在思考着。

“奢靡”——“靡”是精细的意思

要分开、整理出麻的精华，必须要聚精会神、小心翼翼，这是一种很精细的工作，因此“靡”有精细的含义。

“奢靡”是形容某种生活很奢侈，很糜烂。“奢”是奢侈，“靡”通糜烂的“糜”（始见于篆文 ），本义是很精细，富有营养和精华。所以奢靡的本义并不是贬义词，它也有好的一面。

“过犹不及”

通过认识“靡”这个字，我们要懂得一个道理：凡事不能过分，如果过于精细和讲究，过于追求营养，反而会产生不好的结果。很多社会上的现象，都是由于奢靡引起的，因为奢靡产生的原因往往是社会财富过于集中，容易引起不公平的状态。如果你有能力奢靡，也要注意低调，否则会引起他人“仇富”之类的心理。现在流行“低奢”，取代“暴发”，也是由于大家已经意识到这种情况。

“靡靡之音”

靡靡之音的典故源自商朝，当时纣王特别喜欢听一位乐师演奏的音乐，武王伐纣的时候这位乐师跳河自杀了，在乐师自杀的河水中经常传来隐隐约约很细微的乐声。后来，就把细微的乐声称之为靡靡之音，用来称赞乐师的水平高超。

《韩非子·十过》:“此师延之所作，与纣为靡靡之乐也。”靡靡之音是指很细微、很精细的声音。因此“靡”不完全是坏事，因为精细的特质在生活和艺术中都是不可或缺的。但是我们不能过分追求精细和虚无缥缈的东西，会沉溺于其中，甚至会缺乏面对现实的勇气，以至于萎靡不振。

恃

『盖天下之患，莫大于有所恃』

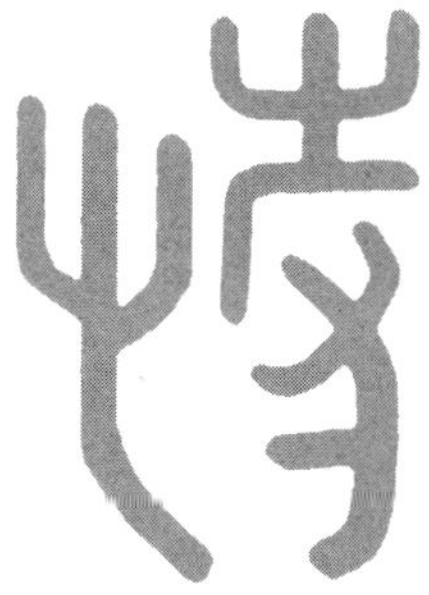

本义：内心有所倚仗

“恃”的金文是。

“恃”的左边是竖心旁，右边是“寺”。所以“恃”是形声字，读如“寺”少林寺的音。

“寺”（金文）的本义是手持，手里拿着东西。是站在原地保卫、护持手上拿着的东西。同“寺”有关的字，例如有恃无恐的“恃”、侍卫的“侍”、坚持的“持”，都有护持、保卫、持有、掌握的意思。

在古代，因为官员要护持皇帝，所以他们聚集的地方就被称为“寺”。再后来，“寺”和庙连用，代表着宗教的权威机构。

知道了“寺”就知道了“恃”，因此“恃”的本义是内心有所倚仗。心有所倚，有所持，内心就不再害怕。

“有恃无恐”“恃才傲物”

我们常说一个人有恃无恐、恃才傲物，这里的“恃”是指过分地倚仗、依赖、依靠。因为内心有所倚仗而胆子变得很大，傲慢无礼，特别容易惹是生非，伤害别人。

“盖天下之患，莫大于有所恃”

《道德经》中写道：“是以圣人为而不恃，功成而不处，其不欲见贤。”意思是圣人虽然有所作为，但是并不倚仗自己的这些作为，所以叫“为而不恃”，做好但不居功。

老子是自然主义者，他认为所有的功劳都是老天给的。“功成而不处”就是这个意思，只要把事情做完了，自然就有功劳；“其不欲见贤”，在面对众人的时候，要没有欲望，没有强烈以功劳自居。老子认为只有这样，人才不会贪天之功，反而可以居功至伟。老子针对人类的“欲望过盛”和针对名利的“纷争”开了药方，然而几千年来，愿意服用这副药的仍是少数。人性的弱点，就是名利和欲望，所以“人为财死，鸟为食亡”。如果人能超越这个弱点，便离圣贤不远了。

清代的纪晓岚也说：“盖天下之患，莫大于有所恃。”天底下最大的祸患——人祸，莫过于你内心有所倚恃，太过自我。

我们要杜绝内心的贪嗔痴慢疑，“慢”就对应着“恃”，恃才傲物全是因为傲慢所致。

人生的高境界：能不能做到无恃无恐

如何能够做到平常心？如何能有功但不居功自傲？

范仲淹的《岳阳楼记》说，“不以物喜，不以己悲”，不要因为小有所成就扬扬得意，也不要因为失去外物就感怀悲伤。如果能真正做到“不以物喜，不以己悲”，就能超脱凡俗，成为圣人。

我们都是普通人，内心通常有所恃，因此我们很难达到圣人的状态。但是可以反省一下自己，我们“恃”的究竟是什么？我们能不能做到无恃无恐？

有恃的时候可以无恐，无恃的时候呢？人便必然有恐。因此，人要警觉，有恃的时候，不以恃而傲慢；有恐的时候，能消除掉恐的感觉。始终泰然自若，安之若素。

『己所不欲，勿施于人』

己

本义：结绳记事

“己”的甲骨文是，像一根弯曲的绳子。弯曲的绳子在远古时代是用来结绳记事的，所以“己”的本义指结绳记事，通纪录的“纪”。

《说文解字》则言：“己，中宫也。象万物辟藏诎形也。己承戊，象人腹。”

意思是说：己，定位在中央，像万物因回避而藏在土中弯弯曲曲的形状。己继承戊，字形像人腹。

由于“己”的字形也像人腹，就用这个字来指代自己。而本义就用“纪”字代替。

“己欲立而立人，己欲达而达人”

“己”有很多用法，比如说“己欲立而立人，己欲达而达人”，意思是自己想要做出成就，首先要去成就别人；自己想达成目标，必须先帮别人达到目标。

《论语》中说，“己之所欲，施之于人；己所不欲，勿施于人”，讲的就是这个道理。

如果要做一件事情，最好先帮别人达到目标，这样事情的因果关系才会传递到你的身上。

理解自己，最重要的是要放下自己

一个人把自己看得太重就会犯很多错误。假如某一天达到无我或自我很小的状态，那就说明自身的修行或是对自己的训练，已经比普通人要好。因此理解自己，最重要的是要放下自己。如何去看待这个“己”，如何放下自己？这是我们一生要思考的重要命题。

完全地“奉献”，那我们的肉身就“牺牲”了，这种“无我”我们不提倡；一味地“自私”，就会变得贪得无厌，这种人我们也不喜欢。

每个人都在“自我”和“无我”之间找一个平衡点，让自私和高尚找到一个平衡点。高尚一点，就是圣贤之路；自私一点，就是小人之路。

长

『检书烧烛短，看剑引杯长』

本义：长者，头发、胡须都很长的老人

“长”的甲骨文是，是指老年人头发、胡须都很长的样子。

“长”的繁体字是“長”，上面几横代表毛发，下面是人；有的时候多了一只手，是指拿着拐杖，因此“長”是指长发白须，手持拐杖的老人。

“长（cháng）处”“长（zhǎng）官”

“长”有两个读音，一个是“cháng”，例如长处；另一个是“zhǎng”，例如长官、兄长。有个对子是说：竹山长坪长山竹。对出这个对子的难度就在多音字和对称结构。我记得当时家里的长辈出了这个对子，我对的是：孝子重阳重子孝。

“白发三千丈，缘愁似个长……”

“白发三千丈，缘愁似个长。不知明镜里，何处得秋霜。”[1] 是李白最能体现出“长”这个意义的名诗。诗里，李白感叹时光易逝，生命易老，现在白发都有“三千丈”了。[2]“白发三千丈，缘愁似个长”——我对时光的忧愁就像三千丈的白发那么长。

接下来他说“不知明镜里，何处得秋霜”，我在照镜子时突然发现，不知道什么时候满头白发就像秋霜一样。

作者是在哀叹时光匆匆，年华易逝，生命易老。这种感喟，中老年人，特别有感受。体力不如以前了，身体也在衰退之中。生命走完上坡路，接着就走下坡路。

“检书烧烛短，看剑引杯长”

唐朝诗人杜甫也喜欢用长和短来造句，《夜宴左氏庄》有一句很出名:“检书烧烛短，看剑引杯长。”“检书烧烛短”的意思是，我在蜡烛旁边看书，蜡烛越烧越短;“看剑引杯长”的意思是，我一边赏剑，一边喝酒，酒越喝越多。这句话也是长短交错，长和短的对仗，是一个很有意思的写法。

大家可以看出来，这是诗人的一种人生状态：有书、有剑、有酒。这样的诗酒人生、书生意气，实在是值得羡慕的。

---

1 出自《秋浦歌》。

2 “三千丈”是很夸张的说法，是作者的一种修辞方式，指头发特别长。

总释

『罔谈彼短，靡恃己长』

“罔谈彼短”是不要妄加评议别人的短处，“靡恃己长”是不要骄傲自大，过分倚恃自己的能力和特长。

我们要多看自己的短处和别人的长处，尽量看到自己的缺点和别人的优点，只有这样人才能进步，也就是“严于律己，宽以待人”。能做到这一点，保证你是一个处处受欢迎的人。

我们追求的，甚至是此生的目的，就是不断寻求自我的进步和完善。换句话讲，就是一个人要不停地给自己的系统打补丁，不停地查找自己的缺点，给自己的思维打补丁。系统升级，就是一个不停地打补丁的状态。

玖

CHAPTER 09

信使可覆，器欲难量

“信使可覆”的意思是做人做事一定要讲诚信，这样才能继续交往；“器欲难量”，是说要成为一个心胸宽广的人，人要成大器就要有大格局，心中自有丘壑，让别人测量不到你内心的深度和广度。

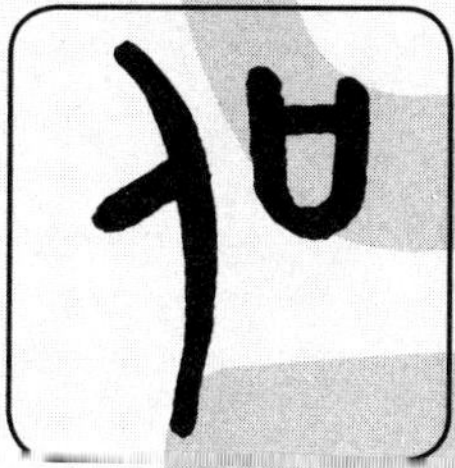
信·220

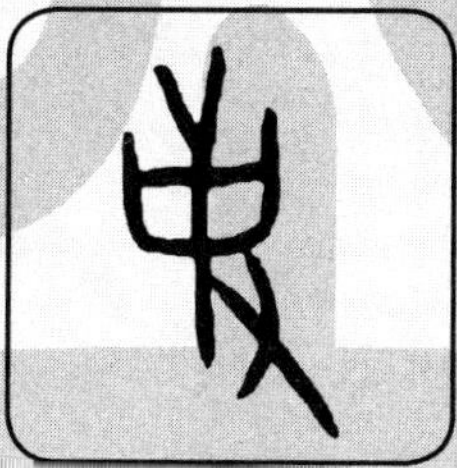
使·223

可·226

覆·228

器·230

欲·234

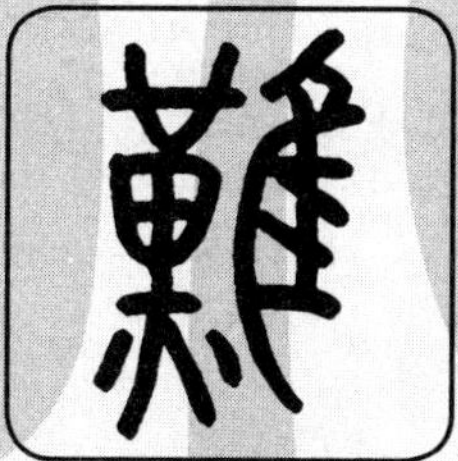
难·237

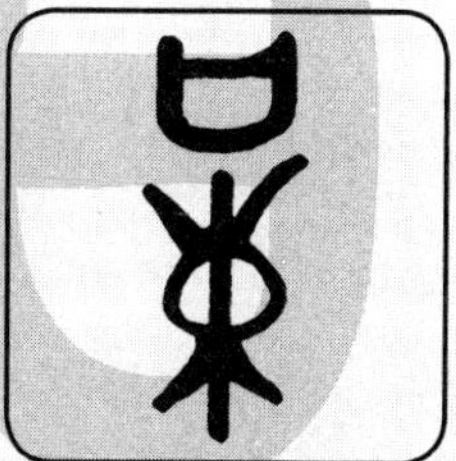
量·240

『人无信不立』

信

本义：许诺、发誓

“信”的金文是。后来在篆文中，右边的“口”进一步发展成“言”，。

“信”的左半边是“人”，右半边无论是“口”还是“言”，都是表说话之意。“言”的甲骨文是，形容舌尖伸出来的样子，在舌尖上加了一横表明舌头的动作，因此“言”是指说话的动作。后人为了表明说的话能够传递有用的信息，就称之为“信”。所以，信的本义是你对别人说有用的话，也就是许诺、发誓。

“信息”“信使”“可信”

“信息”是指传递的消息（包括文字、影像、语言等），而传递信息的人称之为信使（传播者）。所以，人与人之间说的话，媒体上刊登的文章，都要让大家觉得“真实可信”。

“用美丽的雪花写下：相信未来”：信心

相信和不信是两个状态。比如朦胧诗诗人食指写的一首诗——《相信未来》：“当蜘蛛网无情地查封了我的炉台，当灰烬的余烟叹息着贫困的悲哀，我依然固执地铺平失望的灰烬，用美丽的雪花写下：相信未来。”这首诗是在鼓励大家，在逆境当中要有所期盼，相信黑暗终将过去，明天一定会到来。这首诗给人们传递了面向未来的勇气，这里的“相信”就是面对未来的“信心”。

“信近于义，言可复也”

《论语》说：“信近于义，言可复也。”“信”是比较接近于“义”这种真理的，是可以通过语言来传递和承载的。

“信者，诚也”“人无信不立”

《说文解字》说：“信者，诚也。”这里“信”有诚实可靠的意思；“诚”的本义是双方停止战争，握手言和并签订和平协议。所以“诚信”的意思是人们需要遵守最基本的契约。

要让社会变成诚信社会、互信社会，而不是互害的社会，就意味着我们每个人都要讲究诚信。但这又会出现一个问题，恪守诚信的人身无长物；不恪守诚信的人偷奸作恶，比如制作假药、生产垃圾食品等等而发财了。如果社会都鼓励他人诚实而自己造假，那就会产生“劣币驱逐良币”的形态，谁诚实谁上当受骗，社会风气就会不好。

《论语》中写道：“人无信不立。”如果一个人不讲信用，没有信誉，就没办法在社会上立足。人在维护大多数人的利益时，最终维护的是自己的利益，与人方便才能与己方便。因此对我们来说，最重要的字是什么？就是“信”。如果没有“信”作为基础，即使一时小人得志骗到了钱财，最终恶报还是要回到自己和家人的身上，在我们身边，这样的例子还少吗？

使

『民可使由之』

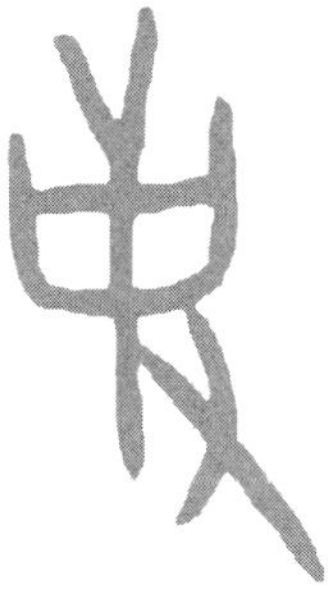

本义：手握权杖，传达命令

“使”的甲骨文是。

“使”从字源上来讲，和“吏”“事”“史”是同源字。“使”是“史”的分化字，都是从共同的甲骨文演化而来的。到篆文时写法和意义各自出现明确分化。

“史”，代表手拿着权杖（仪仗），中间一个“口”在发号施令（也代表旌旗），或者说是在传递上级的命令，监督事情的执行进度。所以“史”的本义是手握权杖，发号施令，传达命令。也就是出使，去办事。

去办事的官员叫作“吏”（篆为）。吏在官员中的等级地位是很高的，后来泛化了，等级变低，变成了具体执行事务的小吏、小官员。

由于“吏”专指办事的官员，“史”（篆为  ）专指记事的官员，“事”（篆为  ）专指被命令指派的事务，造字者就另造了一个字“使”（篆为  ），表达出访、传递信息。

“使”的左边是单人旁，右边的“吏”指官员。因此，“使”的本义是手握权杖，传达命令（的人）。

“大使”“差使”

“使”作为名词是指官员，例如“大使”，是每个国家派驻到他国的外交官长。

“使”作动词是指去做事情，推动事情向前发展。例如“差使”，是指使一个人去干什么。

语言学中有一个使动用法，是使你怎么怎么着，一般是单用一个“使”来表示。

比如《赤壁之战》里有一句话：“操军方连船舰，首位相接，可烧而走也。”意思是曹操的军队刚刚把战船的船头和船尾相连接，可以（用）火烧的（办法）使（曹操的军队）败走。“走”就是使操军败走，但是只用了一个“走”，是使他走的意思。这就是使动用法。

“女使”

“女史”是一种尊称，特指女性官员。这都是古代从官方慢慢流传到民间的一种说法。有时候也写作“女使”，也就是尊称对方是记载事务的女官。但“女使”后来发展到另一个路向了，到宋朝的时候，“女使”是指大户人家中的女仆。其含义变成了供使唤差遣的女性。

“民可使由之，不可使知之”

《论语》里讲：“民可使由之，不可使知之。”“使”在这里如果作动词用，意思是统治者可以使唤人民做什么，但是不能让他们知道为什么这么做，也就是“愚民”；如果“使”作名词“官员”来用，意思是人民遵循社会制度时官员就放任他们自由，如果人民扰乱社会治安，官员就要教诲他们，让他们明白道理。

这是对于《论语》两种不同的理解，也是汉语复杂性的具体表现。包括古汉语的断句以及汉字的名词解析或动词解析，最后得出来的含义都是不一样的。

古代汉语的语义非常丰富，极具多义性。一部经典，经过不同人的阐释，就有了不同的含义和信息量。这也解释了，为什么儒家、道家的很多学问，在千百年来流传的过程中，一直都会发生变化，这是因为很多人都用自己的思想去丰富了经典。

悦耳之声

可

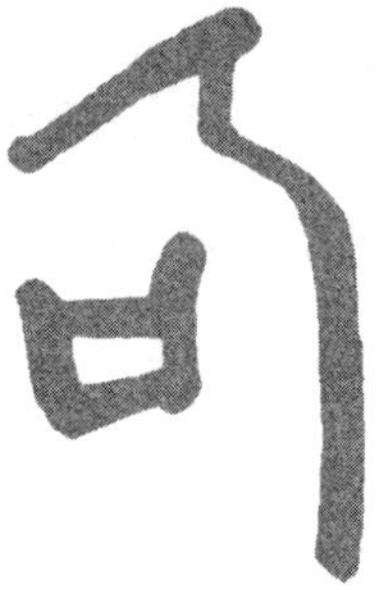

本义：用口吹奏乐器，发出悦耳动听的声音

“可”的甲骨文是。

“可”是“丁”加“口”构成的，字形从古到今的变化并不大。“口”代表发出声音，“丁”是一种可以吹奏的管乐器，比如竽。所以“丁”是乐器的形状。

“可”的本义是用口吹奏乐器，发出悦耳动听的声音，引申为委婉、弯曲。

“可以”

后来，“可”被进一步引申为“委婉地同意”“应许”。是答应别人的意思。

“可”“以”在连用时，“以”是什么意思呢？母亲和孩子之间用一根脐带连接，就称之为“以”（甲骨文）。“以”和“已”是同音字，它们的意义也很相近，“已”是指孩子头朝下，即将出生（金文），而“以”是脐带露出来了，已经被生下来了（金文）。

因此应声而落，应声而出，就是“可以”。

“死去何所道，托体同山阿”

陶渊明《拟挽歌辞》：“亲戚或余悲，他人亦已歌。死去何所道，托体同山阿。”

“死去何所道”，死去有什么值得说的呢？“托体同山阿”，这个“阿”见就是山的意思（弯曲盘蜒的山，金文），指高岗、高山。

当亲人还沉浸在悲痛中，别人可能已经快乐地唱歌了。各家有各家的生离死别和快乐幸福，死去有什么好说的呢？（或者要怎样向别人描述死者的音容笑貌呢？）身体和青山永远在一起。

“何”是指挑着担子弯曲而行的人；“阿”是指弯曲的山阜。这里用的都是“可”的引申义，即“可”的字义由委婉的乐音引申成物体的弯曲形态。

覆

『倾巢之下，岂有完卵』

本义：翻过来盖着

“覆”的甲骨文和金文，现在已看不到了。它的篆文是，上面的“西”是盖子的形状，盖住下面的“复”，所以叫覆盖。“覆”就是盖的意思，翻过来盖着。

那“复”（甲骨文）是什么意思呢？甲骨文字形从夂，像人居住的窨室或城郭，上下各有出入口。从夂，表示出入行走。金文则增加了“彳”或“辵”，成为从彳（chì）、复声或从辵（chuò）、复声。

“复”的繁体字是“復”，左半边双人旁指行走，“復”是指从城门走出去之后，再回到城门，出城又回城了（或指出入居所）。所以“復”有循环往复的意思。例如春联的横批有“一元复始”，就是指一年又重新开头了。

“天似穹庐，笼盖四野”

“覆”代表着古人看待天地的方式。古人有一种朴素的宇宙观，认为天圆地方，天像大锅盖一样盖着大地。《敕勒歌》中说：“天似穹庐，笼盖四野。天苍苍，野茫茫，风吹草低见牛羊。”天似穹庐的意思是天像个大锅盖，笼罩着四面八方。

“覆灭”：“倾巢之下，岂有完卵”

“覆”对应着“倾巢之下，岂有完卵”。[1]有时候，也把它叫作“覆巢之下，岂有完卵”。意思是巢都被倾覆了，那么巢里的小生命还能活下去吗？巢里还有完整的蛋吗？比喻整体遭殃，个体（或部分）亦不能保全。

“覆盆子”

“覆”还和中药有关。有一味中药叫覆盆子，对男性非常好。也有人把它称之为树莓，是很好的植物营养品。

覆盆子的功效是滋阴养阴。对于男性可以固精，滋养肾阴，服用后晚上起夜的次数会减少。古时候相传，上了年纪的男性经常服用树莓的话，晚上就不用频繁起来小便，意思是说，尿盆就可以覆盖着不用了，所以就叫覆盆子。

---

1 见《世说新语》：“融谓使者曰‘冀罪止于身，二儿可得全不？’儿徐进曰：‘大人，岂见覆巢之下，复有完卵乎？’寻亦收至。”

器

要想成『大器』，先从『小器』做起

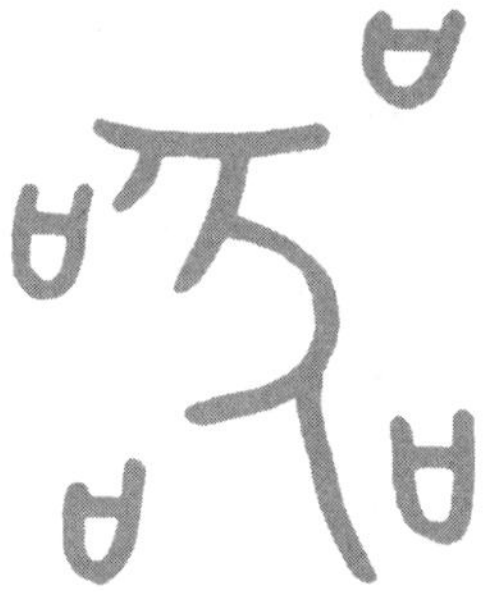

本义：看得见、摸得着、有形体的东西

在现代汉语中，“器”是指物体，是指和抽象概念相对，有具体外在形态的物质化的东西。比如在无生命的物质上就称之为机器，在人的身体上就称之为器官。所以“器”是指能看得见、摸得着、有形体的东西。

“器”的周边是四个“口”，中间是“犬”，金文和简体字差不多。有人认为金文的中间是纵横交织的线路，也有人说是“犬”，还有人认为是像树枝状的纵横交错的脉络挂着四个“口”。总之，专家对“器”的来源一直存有争议。

“器”的来源至少有三种说法。

第一种："象器之口，用犬守之"

《说文解字》说："象器之口，用犬守之。"口就像一个个物体和器皿，是狗看家护院要守住的东西。所以"器"四周的口代表物体和器皿，中间的犬是代表看守。

第二种："器"代表狗在狂叫

第二种说法认为，"器"代表狗在狂叫。如果"口"加上"犬"就是"吠"，代表狗叫，那么一个犬再加四个口就代表狗在狂叫，说明狗的叫声很大。

第三种：纵横交错的经脉血管连接着两侧众多的内脏器官

有专家认为，"犬"是指纵横交错的脉管或脊柱脊髓，"器"周围的四个口代表挂在脉管、动脉、脊柱上的内脏器官。这个说法是从器官的角度去理解"器"。

"玉不琢，不成器""君子不器"

对于如何看待器的问题，中国有很多著名的典故。比如《三字经》说"玉不琢，不成器"，意思是如果不精心雕琢一块璞玉，它就不能成为精致且有用的器物。但是《论语》又说"君子不器"。所以大家就会很糊涂，到底是要成器还是不成器？

实际上，"君子不器"是指君子不应该局限于具体的某一两项才能，他应该眼光长远，应该"志于道"，他应该为了理想胸怀天下，成为一个有道用而不是有器用的人。所以说"君子不器"是指君子要

“志于道”，要胸怀天下，修齐治平，不能因为自己有一些才华或者技能，就沾沾自喜，君子的眼光应该放得更加长远。

现在的职业经理人经常在管理上喜欢把下属当作工具来使用，缺少对生命和人权起码的尊重。恰恰是那些有才华、特立独行的人不服管、不好管，就是因为他们不希望自己“工具化”，也就是君子不器。

“大器晚成”

我们经常说某一个人大器晚成，到四十岁、五十岁、六十岁之后才看到他的才华和价值。那么什么样的人会称之为“大器”呢？先自治而后治人。先管理好自己再去管理别人，甚至于再去管理国家，治国平天下，这样的人就称之为“大器”。

所以“大器”需要时间，需要十年磨一剑乃至于坐二十年、三十年的冷板凳，最后才会散发出耀眼的光芒。

“大器”是区别于“小器”，区别于小小的才能、小小的才干的。韬光养晦就是为了大器晚成。

“形而上者为之道，形而下者为之器”
“道器合一”

《易经》提出，“形而上者为之道，形而下者为之器”。意思是“形而上”的称为道（无形），“形而下”的称为器物（有形）。我们的身体是“形而下”的，是由器官组成的；但是我们的精神是“形而上”，称之为“道”。

中国的传统文化非常强调“道器合一”，因为离开“道”，“器”没有精神；离开“器”，“道”没有载体。因此“道器合一”的意思是精神和身体要合二为一，主体和客体要合二为一，心和物要合二为一。

什么是“道法术器”

道家认为，“道”和“器”之间还有“法”和“术”，统称“道法术器”。简单理解，“道”是最高层面的，指绝对真理；“法”是次高层面的，指相对真理；“术”位于中间层面，是指对现象的运用；最后才是“器”，是指现象的形成。

打通精神和物质，处于唯心主义和唯物主义之间的，就是世界观（道）、方法论（法）、治世术（术）、创新品（器）。心能转物，即是从构想到实现、从无到有的一套逻辑。

欲

『君子乐得其道，小人乐得其欲』

本义：欲求不满，永不满足

“欲”的金文是。

“欲”（）的左边是山谷的“谷”，右边的甲骨文是“”，表示一个人张着嘴打哈欠的样子，意味着叹气、不满。

因此，“欲”是欲壑难填的意思，就是说我想要的东西能够填满山谷。所以“欲”的本义是指欲求不满，永不满足。

欲壑难填

我们把过分的欲望称为贪欲。“欲”左边的“谷”不仅指山谷，更是指两座山之间很深很空阔的沟壑，所以就有“欲壑难填”的说法。“欲”引申出欲望，则是指欲望的深沟是填不满的。

也有人把“谷”的意思理解成粮食，即谷类、谷物，那么“谷”就是指吃不饱，“欲”就是食欲。

欲望是饮鸩止渴，还是生命奋斗的不竭动力？

本来，欲望被定义成人体需要满足的最基本要求。比如，食欲是吃饱吃好的欲望；性欲是对性生活、繁殖、传宗接代的欲望；财欲是让生活变得更好的欲望。

但现在，我们对物质上的需求越来越多，欲望变成了贪欲。

在中国古人眼里，“君子乐得其道，小人乐得其欲”。意思是君子的快乐来自于他不断地追寻真理，探寻智慧；而小人的快乐来自于满足本能的欲望。

“小人”是指普通人，大多数人，没有贬义的意思。“君子”是贵族，要担负起让小人乐得其欲的重任，也就是“后天下之乐而乐”。这就是乐得其道。

正常的欲望天经地义，过分的欲望则会毁掉一个人。过分的欲望就是“想要，还想要”（源自于多巴胺分泌），总是产生了新的欲望要去满足，这无异于饮鸩止渴。

东方人认为，欲望是会反复地、不停地折磨人心，当你满足了一个欲望又会产生一个新的欲望，所以人们很难一劳永逸地真正满足内心需求。那么，尽量内求，向内去寻找让心满足的东西，儒家给出的解决方式就是求道——“存天理，灭人欲”。

但西方人恰恰认为，欲望是推动人类前进的最大动力，人们要把欲望转换成奋斗与生存的动力。比如因为我们不想洗衣服，就要把不想洗衣服的欲望实现，因此发明了洗衣机；我们想去更多的地方，想更快到达目的地，因此发明了飞机、轮船、列车；我们还有发展人工智能的欲望，希望让机器人、人工智能给生活提供更多方便，这样才能继续扩大世界的版图。

看来，东方和西方对待欲望是两种认识观。一种是向内去寻找，用节制欲望的方式获得内心的安稳平和；一种是向外去探寻，不断冒险、征服，扩大对现象世界的认知。因此东方人重内心感觉，西方人重外在感官。

难

孝敬父母，最难做到的是『色难』

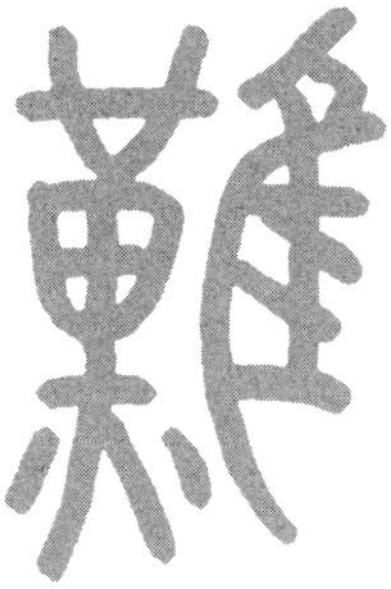

本义：捉鸟不顺，抑或鸟遭困顿？

“难”（難）的金文是。

“难”作形容词念“nán”，比如艰难、困难；作名词念“nàn”，比如大难不死、灾难。

“堇（jǐn）”的金文，上面是“革”，中间是“八”，下面是“土”。有文字学家考证，“堇”是指种庄稼的土质像皮革一样坚硬，难以疏松，有困难的意思。

“隹（zhuī）”的甲骨文是，意思是小鸟。尾巴长的鸟称之为“鸟”，而短尾鸟就叫“隹”。

因此，文字学家认为，“难”的第一个意思是，在劣质的土地上捉鸟时不顺利，就称之为“难”；也有人认为，鸟遭困顿发出来的哀鸣声，就称为“难”。这两个说法未统一，姑且存疑。

九九八十一难

九九八十一难来自于《西游记》，八十一难表面上是各种妖魔鬼怪在作祟，实际上妖魔鬼怪都是贪、嗔、痴、慢、疑[1]等人性的各种弱点的具象化。这些妖魔鬼怪很多都是上天神仙的坐骑、门童等等，他们因为本性难移，被各种各样的事物诱惑，以至于下天界做出各种勾当满足私欲，于是唐僧就有了九九八十一难。

历经九九八十一难，实际上是消除人性各种缺点的过程，超越了九九八十一难，就超越了我们自身的缺点，这样我们才能进入到完善的境地，才能取得“真经”。

对待父母，最难的是“色难”

孔子认为，做儿女的对待父母最难的是什么？最难的是色难。[2]什么是色难？意思是我们给父母双亲衣服穿，给父母零花钱，为父母养老，这都不难，最难的是色难——对父母始终都和颜悦色、温文尔雅，这是最难的。为什么？因为人老了行动迟缓，说话不利索，精气神没有年轻的时候好，交流起来比较困难等等，从而容易被子女和外人嫌弃。这时，子女对待父母要由心而发地做到和颜悦色。

---

1 五毒心：佛教中所说的五毒心是指贪、嗔、痴、慢、疑五种心，这五种心会使我们造作恶业，就像毒药会妨碍我们修行，故称为五毒。

2 出自《论语·为政》。子曰：“色难。有事，弟子服其劳；有酒食，先生馔，曾是以为孝乎？”意思是，孔子说：“难在子女的容色上。若遇有事，由年幼的操劳，有了酒食先让年老的吃，这就是孝了吗？“

“多难兴邦”

“多难兴邦”来自于《左传》。《左传》说：“多难以固其国，无难以丧其国。”意思是当一个国家有很多困难时，人们就会团结一致；如果这个国家没什么困难，就离衰亡不远了。这实际上是在讲一个辨证关系，是说我们在逆境时要看到光明，在顺境时要未雨绸缪、居安思危。

实际上，“多难”不是“兴邦”的必要条件，不一定“多难”才能“兴邦”，而是在“多难”的时候我们要鼓励大家团结一致。

因此我们还是要自求多福，没必要一定要多难，少点灾难，防患于未然，岂不是更好？

『不思量，自难忘』

量

本义：望着日月星辰的位置，在旅途中测量路程

“量”的甲骨文是。

“量”（）的上面代表日月星辰；下面在甲骨文的写法中是行囊的样子，本义是指行囊。

所以“量”的本义是望着日月星辰的定位，背着行囊在旅途中测量路程的远近。所以量是测量的意思。

测量轻重

后来，“量”不仅仅是指测量路程、物体的长短，也引申为测量物体的轻重。

“不思量，自难忘”

苏轼有一首词《江城子》，[1] 是他悼念亡妻的，第一句就是：“十年生死两茫茫，不思量，自难忘。”

这首词被陈师道[2] 称之为声音可以彻天，泪水可以彻天。真可以称得上是一首惊天地泣鬼神的词。

《江城子》大致是说我和你阴阳相隔，生死十年，已经看不到你了，但昨天晚上我又梦到你了，我没有去想你，但是你自己就来了。这首词表达的境界，比平铺直叙地说“想你”更高。其中，“思量”的“量”，是说去寻找方向，寻觅目标。

量子

说到“量”这个字，就不能不提到物理学的发展。物理学中有量子力学。这个量子究竟指的是什么？它和夸克有什么区别？这可能是很多人容易搞混淆的东西。

夸克是基本粒子，是物质世界上最基本、最小的单元，它比原子还要小。而量子是能量的单位，是能量中最小到不可分割的单位。物理学家在研究时发现，光线、光波是一种能量，在传播的过程中不是线性的，不是像流水一样，而是中间有断续的，只不过这个断续在宏

---

1 《江城子》全词：十年生死两茫茫，不思量，自难忘。千里孤坟，无处话凄凉。纵使相逢应不识，尘满面，鬓如霜。夜来幽梦忽还乡，小轩窗，正梳妆。相顾无言，惟有泪千行。料得年年肠断处，明月夜，短松冈。

2 北宋官员、诗人。

观世界中看不到而已。

量子是最小的不可分割的单位。但当你去测量量子时，它的能量和物质会互相转化，就会坍塌成粒子，变成我们现在所能看到的客观世界。

如果人们不用意识去测量物体，那么物体是不存在的。当意识认知到了物，物才能存在。所以当你意识到的时候，它就是存在的；当你意识不到，它就是不存在的。这就是王阳明心学所讲：你看花时，花和你顿时一起明白起来；你不看花时，花和你一起寂然。

这也是佛学讲的“一切为心识所造”。当你没有心存认知与念头时，这个世界是不存在的；一旦你生出认知与念头，念念成形，这个世界就存在了。

六祖慧能[1]也在讲“不是风动，不是幡动，仁者心动”。不是风在动，也不是幡在动，是你自己的心在动。如果你的心不动，它们是不动的。

在这方面，科学和玄学可能因为量子力学理论的出现，逐渐产生交集。科学家朱清时先生就用量子力学来解释“缘起”和“性空”——“性空”是本体，“缘起”是作用；“缘起”是我们看到的客观世界，而“性空”是我们能够悟入到的本体世界。

也有很多科普作家和一些学者说，不可以用物理学理论去验证宗教。但很多时候，宗教里也是有科学的成分存在的，因此量子力学是可以大胆去探索，去解释万事万物的形成的。

---

1 六祖，即慧能，被尊为禅宗六祖的曹溪慧能大师，对中国佛教以及禅宗的弘化具有深刻和坚实的认识。

总释

『信使可覆，器欲难量』

“信使可覆”的意思就是做人做事一定要讲诚信，这样他人才能与之继续交往，才会有来有往；“器欲难量”，是说要成为一个心胸宽广的人，人要成大器就要有大格局，心中自有丘壑，让别人测量不到你内心的深度和广度。

这句话可以作为人生信条来坚守，一旦成为习惯，便受用无穷，足以应对当今快速发展的社会。面对不确定的未来，诚信永远是基石，不管别人如何投机，始终坚守诚信准则的人，一定是最终的赢家。

而心胸宽广，则可以使我们人格舒张，气魄宏大，包容万有，“宰相肚里能撑船”，对待君子以君子之道，晓之以义；对待小人以小人之道，晓之以利。

什么是成功人士？不是说你积累了多少财富，而是你诚信且有义利观。诚者成也，义利则对社会有价值。能做到“诚而义利”四字，想不成功都难。

拾

CHAPTER 10

墨悲丝染，诗赞羔羊

“墨悲丝染，诗赞羔羊”，意思是，墨子为白丝染色不褪而悲泣，《诗经》赞颂具有羔羊般纯洁品德的人。

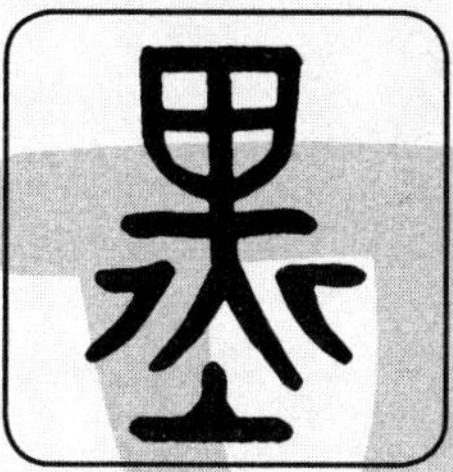
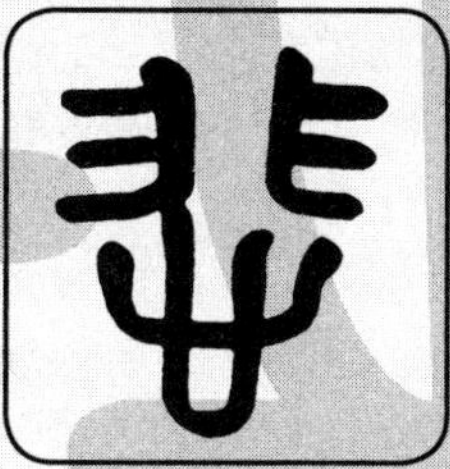

『胸无点墨』

墨

本义：能制作成黑色颜料的“黑土”

“墨”的金文是，上面的（黑）是象形字，指被烟和火燎烤熏烧，面部黝黑的人，引申为黑色。

下面加上（土、泥），指能够产生黑色颜料、做成墨块，并能制作成墨的“黑土”。

所以，墨的本义是可以制作成黑色颜料的“黑土”。

“墨水”“胸无点墨”“文人墨客”

在现代汉语中，“墨”用作墨水，后来进一步引申为文化知识、学问。例如“胸无点墨”的意思就是人的肚子里没有墨水，没有文化；又比如古代的知识分子被称作“文人墨客”。

现在，“墨”已经成了文化的象征和代名词。

文房四宝——笔、墨、纸、砚

所谓文房四宝，指的是笔、墨、纸、砚。笔用来书写；纸用来承载字体；墨能够产生颜色和痕迹，从而表现字体；砚用来磨墨。

有了文房四宝，古人才能通过绘画以及书写文字，来传递情感和信息，这是陶冶情操、传播文化必不可少的工具。

文房四宝在使用的过程中急躁不得，要磨墨、裁纸、焚香、静心，然后一笔一画地书写。整个过程就是调心的过程，让心慢慢地变安静，让人修行出气定神闲的优雅和从容。

这是古代的一种慢节奏、慢文化的生活方式。然而现代社会的生活节奏太快，人们都是用水性笔、油性笔、圆珠笔来书写。由于生活方式的变化，大多数人不可能再过上慢节奏的生活了，它变成了少数人的贵族生活方式。

什么是“水墨画”：“墨分五色”

中国古代文人擅长用文房四宝来创作“水墨画”。

水墨不仅有黑白墨，也有彩墨，通常用淡淡的颜色去作画。唐代张彦远的《历代名画录》提及，由于墨的轻重不同，水的配比不同，所以墨分五种浓淡程度——墨分五色。最浓的“墨”称为“焦”；其次是“浓”；再次是“重”；再再次是“淡”；最后是“清”。

对于这个说法，也有画家很机械地理解成，把墨和水用不同的配比放在五个碗中，就表示墨分五色。实际上墨的浓淡千变万化，在艺术的创作过程中，并不仅有五种浓度。

爱你所爱即为『慈』，
爱你所恨即为『悲』

悲

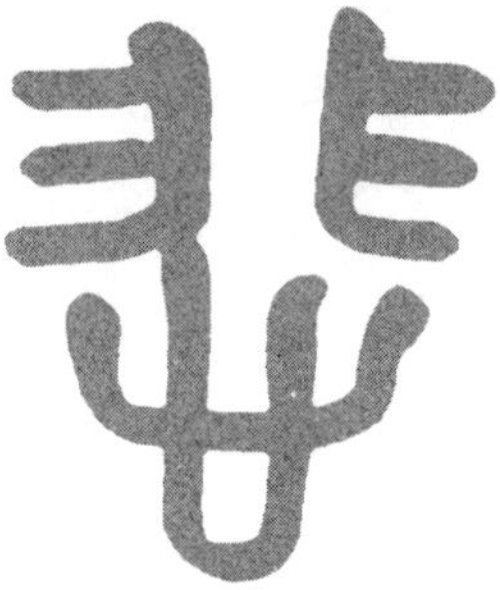

本义：事与愿违的痛楚、哀伤

第一种说法：当心情处在负面的情绪和能量中就称为悲

《说文解字》曰“悲者，痛也”和“悲者，伤也”，这两句都是指人的心理状态。当心情处在负面的情绪和能量中就称为悲。

第二种说法：“悲”是指发生了不符合自己意愿的事情

“悲”的金文是。

从“悲”的金文可以看出，上面是“非”，下面是“心”。“非”是指两个人背对而坐，表示违背之意。“心”是指心理状态。

因此，“悲”是指发生了不符合自己意愿的事情。比如不想生病，但还是生病了，心里就会有悲哀，或者说亲人离我们而去，我们会非常悲伤痛苦。

慈悲：爱你所爱即为“慈”，爱你所恨即为“悲”

在传统文化中，“悲”经常和“慈”连用，即“慈悲”。

“慈”（金文  ）的本义是指看到草木生长出来，内心对此感到欢欣愉悦。所以爱你所爱就称之为“慈”。

“悲”是出现了与你意愿相反的东西，那么爱你所恨即为“悲”，就是恨其不争，怒其不幸。

因此“悲”和“慈”既有相反的一面，但又都承载着爱。

“同体大悲”

有一句话叫“同体大悲”，万物是一个整体，所以叫“同体”，“大悲”是指符合我们意愿的东西，我们都会喜爱它，这是人之常情，但是不符合意愿的东西，也要去爱护它。

所以“大悲”是指我们要去爱不想爱的东西，要求我们要爱其所爱，也爱其所恨。

我们不仅要爱自己的孩子，也要爱敌人。这是一种超越对立面的大爱，而不是一种狭隘的亲情之爱。

为什么“爱其所爱”和“爱其所恨”都很重要呢？尤其是“爱其所恨”，代表着要刷新自己的人生观。

“爱其所爱”是不需要学习的，是一种本能。人的本能是趋利避害的，美丽的、有意思的东西我们当然喜爱；但如果是丑陋的，不合理的，让你感到愤怒的东西，你还爱得起来吗？

所以说“爱其所恨”不是人的本能，是要经过后天的学习和训练，才能够产生的“悲心”，能够达到“同体大悲”的境界。因此，有两种爱存在，一种是本能之爱，另一种是通过学习才能获得的能力，就是“爱其所恨”的能力。

我们要有一颗悲悯之心，有悲天悯人的情怀，这样看待万世万物才能看到一个整体。

没有人是一座孤岛。丧钟为谁而鸣？丧钟为你而鸣。我们都是万事万物的一部分，因此在与你个人的意愿相违背时，你仍然要找到一个方向，这个方向就是以爱去化解恩怨与仇恨，最后体会到万物一体，体会到人们是紧密相连的，而世界就是由各个因素拼凑形成的有形世界、表象世界、客观世界。

“千红一窟，万艳同杯”

《红楼梦》提到了“千红一窟，万艳同杯”。“千红”和“万艳”指很多可爱的伟大女性；“窟”是“哭”的谐音，“杯”同“悲”。所以“千红一窟，万艳同杯”就定下了《红楼梦》的悲剧气质，或者说悲剧的基调。

“悲从中来”

在我们看悲剧时，我们会悲伤哭泣，与此同时，我们心中的郁闷之气，也会通过这种方式得以抒发缓解。

对于我们的人生来说，不仅要看到喜剧的一面，也要看到悲剧的那一面。只有五味杂陈，酸甜苦辣咸都有，才是一个完整的人生。

能够笑出泪来，或者能够在苦难中保持一种乐观的精神，都是了不起的人。

其实，“悲从中来”意味着一种转机，告诉我们要正视这些悲伤，只有正视悲伤，直面悲伤，我们才能够产生一种同理心，并拥有共情的能力，这样才能和万事万物同频共振。

春蚕到死丝方尽

丝

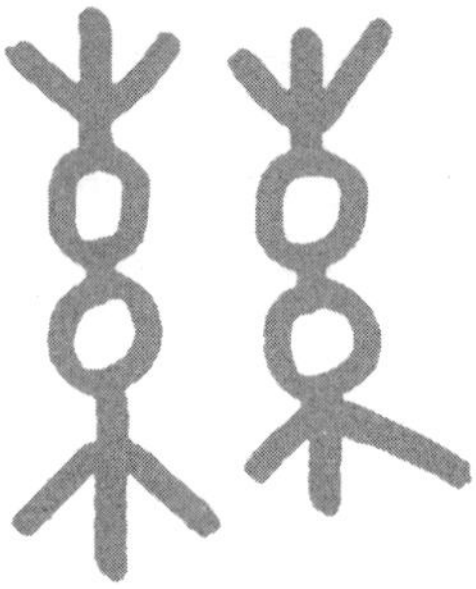

本义：蚕丝

“丝”（絲）的甲骨文是，指两头打着结的蚕丝（两头还有像个“小”一样的形状，指把蚕丝打成结）。“丝”的本义是蚕丝，即蚕吐出来的丝。

“气若游丝”

蚕丝很纤细，细到看不出来，所以人们又把“丝”作为形容词使用。比如说“气若游丝”——声音很小，像游丝一样若有若无、若隐若现，不是很清晰。

“无丝竹之乱耳……”

唐朝大文学家刘禹锡写的《陋室铭》有句：“无丝竹之乱耳，无案牍之劳形。”“无丝竹之乱耳”是指没有乐器的繁闹声。[1]

“丝”“线”“绳”“纱”的区别

“丝”和“线”有什么区别？“线”没有“丝”高级，“线”（始见于篆）是用麻皮做的，把“线”合在一起就变成“绳”（篆文为[2]）；把线一根一根地纺出来，就是“纱”（纱更为后起，或始见于隶）。

“春蚕到死丝方尽……”

唐朝诗人李商隐的《无题》中有一千古名句：“春蚕到死丝方尽，蜡炬成灰泪始干。”“丝方尽”讲的是春蚕吐丝的状态。春天里蚕“沙沙沙”地吃桑叶，就代表蚕要开始作茧，这是蚕农最忙的时候，更是收获的好日子。“春蚕到死丝方尽”是对春蚕结茧到死时，丝才吐完的惆怅之情。

然而万物是不停转化的，蚕吐完丝就变成茧，茧经过一系列的加

1 弦像丝一样很细，“丝”代表着弦乐；竹子是管状的，“竹”就代表管乐。“丝竹”就是指管弦乐。

2 其部首是黾（měng），是蛙的一种，粗一点的绳子才能捆住蛙。

工，变成了人们日用的衣物。由此可见，包括春蚕在内的万物都是在轮回变化的，每一次变化，都意味着形体和能量在发生变化。“物尽其用”就是这个道理。当生命走向衰老、走到尽头时，实际上也是在用一种新的方式存在，转化成另一种物质。

古今的“丝绸之路”

中国古代的丝绸之路简称为“丝路”，是一条从中国出发，经过中东，最后到达西方的贸易通道。贸易内容以丝绸、茶叶、瓷器为主。也有人说，明代有海上的丝绸之路，是通过船航行，一直到达西方。

丝路有两个解释：第一个是丝绸之路；第二个是引用了“丝”的纤细之义：古代交通不发达，需要通过骆驼、马匹翻山越岭，经过各种难关到达中东，一直到达西方，这是一条路线纤细、狭小的贸易之路，但是它一直都存在，所以就把它称之为丝路。

发展到近现代，清朝通过丝绸之路赚取大量白银后，开始闭关锁国。而为了和中国做生意，西方用坚船利炮轰开了中国的大门，后续一系列的侵略行为，包括战争、殖民、引入鸦片等等，其实都是为了赚取白银做生意。

在全球化的今天，东西方的贸易之路已经被航空、远洋的货船打开了，因此，“丝路”的意义发生了变化，“丝路”不仅指陆上之路，更是指全球化的贸易体系。

染

『予独爱莲之出淤泥而不染，濯清涟而不妖』

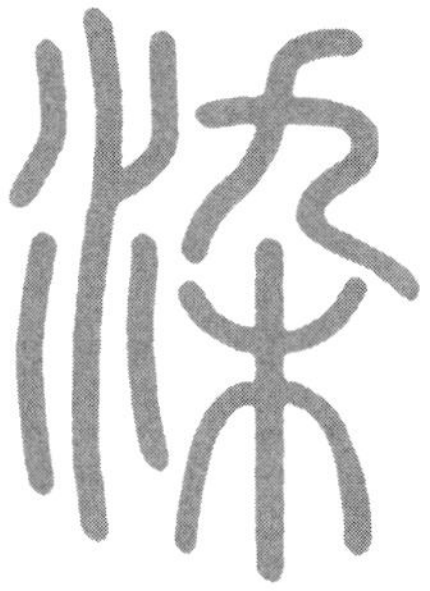

本义：用手将草木浸泡到水中，造出可以染色的颜料

“染”或始见于篆文。

从篆文“染”可以看出，左边是三点水，右边是“九”加“木”。

三点水代表染色用的水；“九”的甲骨文是，代表一只手；“木”则代表草木。

所以，手将草木浸泡到水中，制作出可以染色的颜料，就称为“染”。“染”在现代汉语中有染色、感染之义。

“一尘不染”“出淤泥而不染”

“染”和颜色、颜料有关，“一尘不染”，就是指非常干净，一点尘埃都没有，绝对没有受过污染。周敦颐在《爱莲说》中说：“予独爱莲之出淤泥而不染，濯清涟而不妖。”莲花扎根的污泥是黑的，但是从中生长出来的莲花却是洁白的，没有受到环境的污染。

“给你二两颜色你就开染行”

有句俗语说，“给你二两颜色你就开染行”，是形容一个人得寸进尺，稍微给点好的态度就胡来。

“杂”——很多五颜六色、各种材质布料拼接起来的衣服

有人说，“染”不是三点水加上“杂”吗？实际上，“杂”的繁体字是“衣”加上“集”，写作“襍”（或始见于篆文  ）。衣服的“衣”是指布料。“集”是指有很多鸟停留在树木上，即汇集、集中。

因此，“襍”是指由五颜六色、各种材质布料拼接起来的衣服。古代和尚身上穿的“百衲衣”就是这个样子，是用各家各户给的小块布料，最后拼接出来的一件衣服。

出世为“染”，入世为“净”

“净”的金文是 ，从水，静音。

“瀞（jìng）”是清净无垢之义，自隶化后并入“净”字。

篆文净是两点水加一个“争”，。从水，争音。“争”的意思就是两只手去抢夺一件东西。所以“净”是表明水里的杂质慢慢地沉淀，后引申为清洁的意思。

《说文解字》提出，“净”是鲁国北门城池的专名。

“染”是相对于“净”而言的。在佛家思想里，出家、出世称为“净”，在红尘中、入世则称之为“染”。所以“染”和“净”是相对而言。佛家说杂染，“外世杂染，内有清音”，尽管外面的世界很杂乱，有很多东西会污染你的心灵，但是你的内心依旧要保持清净。

在尘世当中难免会有杂念，难免受到各种诱惑，也难免会被“污染”，做一些不好的事情。其实整个世间就是一个大染缸，柏杨[1]认为，中国人一直在同一个大染缸中，在大染缸里我们会受到各种因素、各种条件的制约，还会受到各式各样的污染。

每个人终归都要回到一尘不染的状态，这也是杨绛说的要把身上的污秽拍打干净，静静地等待死亡，这是她超脱的人生态度。

1 柏杨（1920—2008），原名郭定生，台湾作家。

诗

诗言志，歌咏言

本义：和天地沟通人内心真实的想法

“诗”的篆文是，左边是“言”，右边是“寺”，代表在庙堂向上天祭祀、祭拜并且发出心声。所以“诗”和巫术、祭拜、祭祀有关。

“诗”是人内心经过千锤百炼形成的一种语言，这种语言其实是用来祷告的，是把内心真实的想法和天地沟通。

“诗三百，一言以蔽之，思无邪”

中国的诗教[1]特别适合写诗。比如“大漠孤烟直，长河落日圆”[2]，这句诗里没有一个动词，都是名词和形容词，却如同画卷一般，将景色徐徐展示在读者的眼前。

孔子把《诗经》删成了三百首，就是为了建立文学和诗歌的规范：“诗三百，一言以蔽之，思无邪。”所谓“思无邪”，就是说诗是非常纯粹的，没有一丁点邪念和杂念。

诗教在中国又被称为温柔敦厚之教，是以诗歌培养君子的品性。后来，温柔敦厚发展成中庸的学说。

“诗言志，歌咏言”

中国古代典籍里还讲到“诗言志，歌咏言”。[3]“诗”是在表达真实的心志与志向，而“歌”是在抒发个人的情感。“诗”和“歌”，皆取决于个人的内心境界高低和情感的深浅。

1 诗教，是自古以来以诗教化民众的方法。诗在历代寄托着中国人的希望和梦想，具有崇高的地位，在中国起着和宗教相类似的作用，这也是把这种教化体系称为诗教的原因。

2 出自唐朝诗人王维《使至塞上》。

3 出自《尚书·尧典》。

赞

『赞』是一个非常功德无量的字

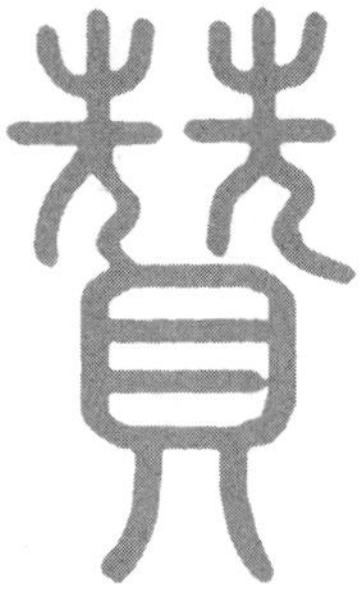

本义：把财物送给别人

“赞”的篆文是，上面是两个“先”（甲骨文，脚趾在上，人在下，代表着进入、领先），表明一马当先、踊跃、争先恐后；下面是一个“贝”，代表财物。所以“赞”的本义就是积极踊跃地把财物送给别人，利见大人。比如“赞助”是把钱给别人，“赞助”就是“赞”的本义。

点赞也是布施

今天，“赞”在网络语言中用得比较多。比如在朋友圈和微博给别人“点赞”。

“赞”对应着佛家的布施，佛家讲究布施，“布”是流布、流通，“施”是施舍。布施包括“法布施”“财布施”“无畏布施”。“法布施”的意思是讲法，传授知识，让别人能够明白道理；“财布施”是把财物送给别人；“无畏布施”是让别人内心不再有恐惧、畏惧。勇敢的人、英雄、带领大家前进的领袖，这些人都具有无畏布施的人格。

很多人在问，我一贫如洗，什么都没有，能给别人布施什么呢？即便你什么都没有，还可以在朋友圈给别人点赞，点赞也是一种鼓励、赞美，也是一种布施行为。

人有七种帮助人的方式——七种布施

佛家认为，一个人即便什么都没有，也有七种布施的方式，分别是“颜施”“言施”“心施”“眼施”“身施”“座施”“房施”。

“颜施”——“颜”指颜面，和颜悦色地对待别人，微笑处事，即为“颜施”。

“言施”——“言”指语言，鼓励、赞美、安慰别人，通过说话去帮助布施给别人，就称为“言施”。

“心施”——敞开心扉对待别人，对人和蔼可亲，就称作“心施”。

“眼施”——善于用眼光鼓励别人、用好的眼神激励他人，即为“眼施”。

“身施”——身体力行地去帮助别人，即为“身施”。

“座施”——从小处来讲是谦让座位给别人，从大处来说讲是把自己的职位、权位让给别人，这叫“座施”。

“房施”—— 代指宽容，像房间一样能够容纳很多东西，就是“房施”。

因此，即便你一无所有，一贫如洗，仍然有七种方式可以去赞美别人，不一定非要通过物质才能帮助别人。

“若批评不自由，则赞美无意义”

法国剧作家博马舍说：“若批评不自由，则赞美无意义。”[1] 在这里，赞美和批评是相对概念，意味着我们不能一味去赞美别人，见谁都说好话。虽然，这种处世方式是中国特有的乡愿，[2] 即俗话中说的好好先生，但经常没有原则地赞美他人，就是虚假的。

赞美是相对于批评而言的。所以，在我们日常的言行中，如何做到既能真诚地赞美别人，又有着对他人的善意批评之心，是一门终生要修习的功课。

1 出自法国剧作家博马舍的《费加罗的婚礼》。

2 乡愿，指乡中貌似谨厚，而实与流俗合污的伪善者。

羔

『小羊为羔，大羊为美』

本义：羊之子

“羔”的甲骨文是。

“羔”从字形上看，是一只羊的身上火星四溅，所以“羔”的本义是烤全羊。但也有人认为，“羔”是小羊的意思，小羊的生命之火比较旺盛。

什么样的羊最好吃呢？什么样的羊肉最细腻、最肥嫩呢？当然是小羊羔。所以“羔”的本义有两层：第一是用火在烤羊；第二是指小羊羔。[1]

1 张亚初认为古有习俗对小羔羊“泥涂其外，用火炮炙”而食，取其味美。

“大羊为美”

“美”有两种解释。第一种解释认为，人头上戴的花环，有点像羊角，很好看；另一种说法是“大羊为美”，下面的“大”是人的意思。

“德如羔羊”

在《诗经·召南·羔羊》的序言中有这样的表述：“召南之国化文王之政，在位皆节俭正直，德如羔羊也。”早在先秦时期，羊的个性就使之成为人们喜爱的对象。古人对羊的个性有两个归纳，一个是善良知礼，另一个是外柔内刚。后来，在儒家、道家等学者的推波助澜下，羊的这些个性被高度人格化，成为后世中国人道德审美的基础。

羔有仁、义、礼的品性

西汉大儒董仲舒也在自己的著作《春秋繁露·执挚》中写道：“羔有角而不任，设备而不用，类好仁者；执之不鸣，杀之不谛，类死义者；羔食于其母，必跪而受之，类知礼者；故羊之为言犹祥欤！”一下子，便把羊的性格人格化为“仁、义、礼”的道德层面。

羊

临睡为什么数羊？

本义：一种吉祥的动物

“羊”的甲骨文是  ，非常形象地表示出羊的面部形状，长脸，有角。在古代，羊是用来祭神的牲畜，希望神为人间带来好运，因此羊也寓意着吉祥。

“祥”“详”

回观远古时代，不论是新石器时代，还是后来的农业社会，羊常常和祭祀有关。

“羊”的左边加上示字旁就变成“祥”，表祥和之意。“示”代表以祭祀的方式向上天请示，将“羊”作为祭品献给上天，因此“祥”代表着祝福、祈祷，期望来年能风调雨顺。

“详”的左边是言字旁，指祭祀时祷告上天，把自己过去一年的所作所为向上天详细汇报。

“样”“徜徉”

“样”现在常用作“模样”。实际上“样”是指树木的年轮、花纹、花样。树木也有模样，年轮就像水纹一圈圈荡漾开来的样子。

“徜徉”是走走停停的意思，指羊在草地上吃草，走走停停，逗留一下再往前走一走，是一个非常形象的词。

“睡觉数羊”是为了驯服自己的心

有一个问题，为什么在睡觉的时候要数羊，而不是数牛、数马、数鸡、数鸭？实际上，晚上临睡之前数羊是有道理的，因为羊代表着温顺和驯服，而我们睡觉时也需要这种状态，要驯服自己，让自己的心安静下来。所以临睡之前数羊，就是希望自己像小羊一样，能够很温驯地躺下来睡着。

希腊人崇拜山羊

最能说明希腊人崇尚山羊的例子，要数酒神狄奥尼索斯。传说中，狄奥尼索斯的原型有一对十分显眼的山羊角，他的朋友潘恩与萨提尔以及老师西勒诺斯等，也都是半人半羊的形象。

作为宙斯的私生子，狄奥尼索斯一生颠簸。他曾两度出生，成年后四处游走，纵欲狂欢，后来为了救母，他甚至不惜以自己的生命作为交换。很明显，这是一个悲剧性的人物。在神话里，酒神代表的是人类自然的动物性，也代表了对命运的反抗，追求纵欲、快乐至上的终极追求。

基督教崇尚绵羊

与希腊人崇尚山羊不同，在基督教里，山羊则被视为邪恶的象征，是魔鬼撒旦的化身。据说，撒旦与撒旦的支持者常用曼德斯的山羊作为符号，而在希伯来语里，“撒旦”的原意为“对抗”，这正是山羊最明显的性格特征。因此，撒旦的头上才会有两个尖尖的山羊角。

基督教排斥山羊，但崇尚绵羊，尤其是羊羔，因为绵羊温驯、合群，并具有全然的奉献精神（绵羊临死而不反抗）。而在基督教里，奉献精神被视为最高贵、最纯洁的精神。《圣经·启示录》中写道：“曾被杀的羔羊，是配得权柄、丰富、智慧、能力、尊贵、荣耀、颂赞的。”“他们与羔羊争战，羔羊必胜过他们，因为羔羊是万主之主、万王之王。同着羔羊的，就是蒙召被选有忠心的，也必得胜。”

这一点和中国的传统文化是很相似的。

羊为“德畜”

羊常被古人封为“德畜”，很多诗文都歌咏羊的美德。

董仲舒的《春秋繁露·执挚》说：“羔有角而不任，设备而不用，类好仁者；执之不鸣，杀之不谛，类死义者；羔食于其母，必跪而受之，类知礼者。”

这里概括出了羊好仁、死义、知礼三种美德：古人认为羊很善良，山羊虽然头上长角，但并不好斗，从不轻易使用头上的角；羊在被宰杀之时非常安静，不像其他动物那般嚎叫挣扎，这与英勇就义的人相似；小羊总是以前腿下跪的姿势吃奶，“跪”在中国文化中表示尊重和感谢，说明羊懂礼仪、知恩图报。

唐代杜甫在《杜鹃》一诗中赞美：“鸿雁与羔羊，有礼太古前。行飞与跪乳，识序如知恩。”羊羔食母乳时前腿跪下，好似通晓人间的礼节。

总释

『墨悲丝染，诗赞羔羊』

“墨悲丝染，诗赞羔羊”，这两句话属于用典，典故分别出自于《墨子》和《诗经》。

“墨悲丝染”这个典故，是说春秋战国时期有一位思想家叫墨子，他有一次经过染丝的地方，心生感慨：“染于苍则苍，染于黄则黄，所入者变，其色亦变，故染不可不慎也。”意思是把洁白的丝放到有颜色的水里，染成苍色[1]就变成苍色，染成黄色就变成黄色，所以染色要非常慎重。最重要的是墨子接着抒发道：“非独染丝然也，国亦有染。”不仅染丝是这样的，国君也会受到官员的影响：有作为的国君会受到品行高尚的官员影响，而暴君也受奸臣的影响。

“诗赞羔羊”中的“诗”是指《诗经》。《诗经》说：“羔羊之皮，

1　指草色。

素丝五紽（tuó）；退食自公，委蛇委蛇。”“羔羊之皮”是指官员穿的衣服是羔羊之皮。紽是指“蛇状扭摆的丝线”，也是古代计量单位，五丝为一紽。“素丝五紽”是指用不华丽的丝卷做衣服、数量上也没有铺张浪费之意，说明了官员节俭正直。

退朝的时候，官员进退都有节度，行止很有章法，委蛇优美的样子值得众人效仿。

孔颖达疏[1]："毛以为召南大夫皆正直节俭。言用羔羊之皮以为裘，缝杀得制，素丝为英饰，其紽数有五。既外服羔羊之裘，内有羔羊之德，故退朝而食，从公门入私门，布德施行，皆委蛇然动而有法，可使人踪迹而效之。言其行服相称，内外得宜。”后因以“羔羊素丝”称誉士大夫正直节俭、内德与外仪并美。

所以，“墨悲丝染，诗赞羔羊”这两句意思是说，墨子为白丝染色不褪而悲泣，《诗经》赞颂具有羔羊般纯洁品德的人。

1　唐朝经学家孔颖达著《五经正义》，对古代经书进行注疏，“疏”也是注解，比注解更详细。

拾壹

CHAPTER 11

景行维贤，克念作圣

“景行维贤，克念作圣”的意思是，高尚的德行只能在贤人那里看到，但是当你控制自己的欲望时，也可以成为品德高尚的圣贤之流。

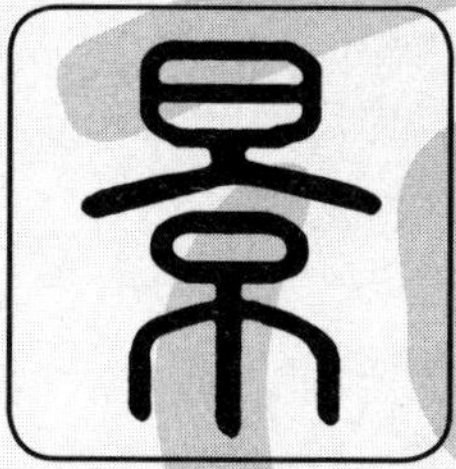

景 · 274

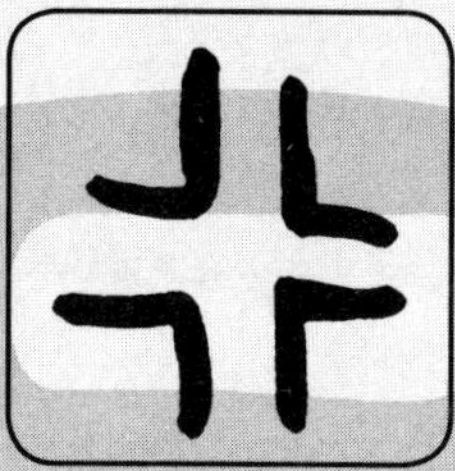

行 · 277

维 · 281

贤 · 284

克 · 286

念 · 289

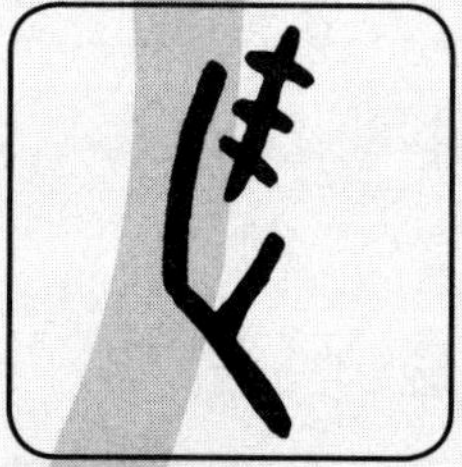

作 · 292

圣 · 295

景

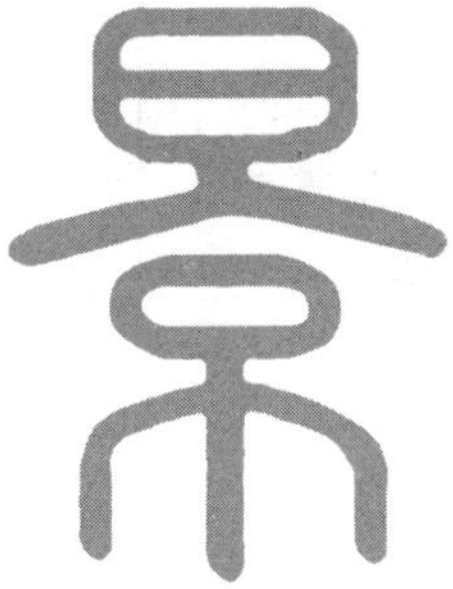

本义：日照楼台；或有其影

“景”的篆文是，上面是“日”，代表太阳或阳光；下面是“京”。“京”在古代指高楼、高台等独体建筑物，既可以是防御工事，又可以瞭望风景；后来高楼、高台成了人群汇集之地，逐渐演变成权力机构，比如中央权力机构驻扎的地方就称为“京师”。现在的“京”指很大的城市，例如北京。

因此“景”的本义是指日照楼台。

“光景”“阴影”

“景”有双重含义。

第一种含义是指光景，太阳照射下来，能在高台上看到很多阳光下的美景。

第二种含义是指太阳照射高台时会留下影子，所以“景”也包含阴影的意思，后来，把阴影的意思独立出来，加了三撇变成“影”，指太阳光投射到物体后产生的阴影。

“时运，游暮春也。春服既成，景物斯和，偶景独游，欣慨交心”

陶渊明的《时运》讲的是暮春时节：“时运，游暮春也。春服既成，景物斯和，偶景独游，欣慨交心。”

《时运》是写暮春出游的。春天的衣服已经穿稳了，春天的景色是那么和美，独自出游只有影子做伴，不禁欣喜与慨叹交替袭来。

其中用到了“景物”和“偶景”，第一个景指景色，第二个景指影子，正好对应着景的两层含义。

“江南好，风景旧曾谙……”

唐朝诗人白居易在《忆江南》中是这样赞美江南风景的：“江南好，风景旧曾谙。日出江花红胜火，春来江水绿如蓝。能不忆江南？”

“风景旧曾谙”是说风景很熟悉，还是过去曾记得的样子。“日出江花红胜火”，是说太阳从江中升起，就像似火的红花。“春来江水绿如蓝”，春天来了江水绿如碧蓝。而“风景旧曾谙”恰好对应着“能不忆江南”。这首词仅仅通过两处的风景和两种颜色——日出的颜色红胜火，江水的颜色绿如蓝，就把江南的好风光都表现出来了。

古人常常爬上高楼，登高望远，看到的景色会使胸怀为之一阔，这时候面对旧时的风景和人事，心态就会产生微妙的变化。而伟大的诗人常能捕捉到这种变化，并把它记录下来。

行

『行行重行行，与君生别离』

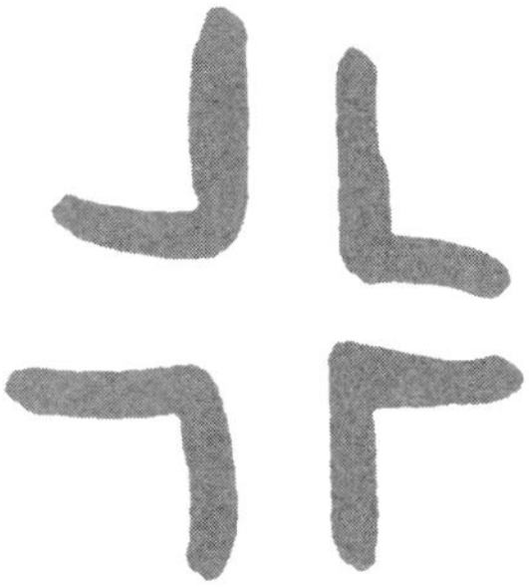

本义：四通八达的十字路口

“行”的甲骨文是，是象形字，字形像十字路口。因此，“行”的本义就是四通八达的十字路口。

《说文解字》认为，“行”是“人之步趋也”，人步行、走路就称作“行”。

“行走”“行间距”“行业”

“行”是多音字，它作“行（xíng）”来讲是动词，和走路、交通有关；作“行（háng）”来讲作名词，累计得多了，就变成了“行（háng）”，比如一排字就称为“行（háng）”。

“行（háng）”同时又引申为人多，比如行业、行当、行伍、银行……。行业、行当是指很多人去从事的职业；行伍是指有很多士兵。

“彳亍街头”

如果把“行”的两边拆成两个字，左边的双人旁叫“彳”（chì），右边的双人旁叫“亍”（chù）。彳、亍表示内心犹豫不决，反映在步态上就是走走停停，小步慢走。

“天行健，君子当自强不息”

“行”还有运行之义，比如说“天行健，君子当自强不息”。“天行健”是指宇宙一直遵循着永恒的规律运行，我们要学习这种自强不息的精神。

“行书”——“行如人在小步疾走”

行书是书法的一种，大部分人写字都是连笔，兼具速度快和美观。

行书的书写速度会比楷书快一些，楷书比较偏于静态，像静坐；行书是“行如人在小步疾走”；草书则像跑步，速度非常快。

“行远必自迩，登高必自卑”

在古代，人们经常要步行到很远的地方去，所以古代的哲学家都喜欢用行走来比喻人的毅力。

《礼记·中庸》曰："君子之道，譬如行远必自迩，譬如登高必自卑。"如果我们要到很远的地方去就要"自迩"（迩，近之意），要盯着脚下的路，一步一步地由此即彼完成。"登高必自卑"，意思是爬高山也要盯着脚下的路一步一步往上爬。

"千里之行，始于足下"

老子认为，"千里之行，始于足下"。不管你要走多远，哪怕走千里、万里，首先要开始走，要用自己的脚步一点一点去丈量。

科技发展到现在，我们可以借助轮船、飞机、高铁等交通工具走向远方，这就体现了，除了用脚走路之外，我们还会用智慧走路。

"行行重行行，与君生别离"

《古诗十九首》[1]中的《行行重行行》[2]是一首非常重要的诗，也是五言诗的基础。"行行重行行，与君生别离。相去万余里，各在天一涯。"

---

1 《古诗十九首》是中国古代文人五言诗选辑，由南朝萧统从传世无名氏古诗中选录十九首编入《文选》而成。这十九首诗习惯上以句首作标题。

2 全诗是：行行重行行，与君生别离。相去万余里，各在天一涯。道路阻且长，会面安可知。胡马依北风，越鸟巢南枝。相去日已远，衣带日已缓。浮云蔽白日，游子不顾返。思君令人老，岁月忽已晚。弃捐勿复道，努力加餐饭。

“行行重行行，与君生别离”，是在表达别离之情，相隔着一重又一重的山水，这里用了叠字“行行”，是表明路途的遥远和奔波之苦。也是表明送别的时候，送了一程又一程。“相去万余里，各在天一涯”，秦汉时期，一里地约等于415米，所以“万余里”，也有5000公里了。中国国土现今东西跨度5400公里，南北相距5200公里，可不就是“各在天一涯”了。

当然，诗歌中的数字一般而言是夸张的用法，但要表达的是“各在天一涯”，你在天涯，我在海角，分别在中原大陆的最远端，以此表达天涯沦落、两地分离、相思之苦。

维

『白鹤门外养，花鹰架上维』

本义：捆绑敲打，驯服凶猛的禽类

“维”的金文是，左半边代表绑住，后演化成绞丝旁，代表用绳子把鸟系住；右半边的上半部分代表凶猛的鹰隼，下半部分代表敲击、敲打。因此捆绑敲打，驯服凶猛的禽类就是“维”的本义。这和游牧民族把野鹰驯化成猎鹰很像，俗称“熬鹰”。

“维系”“思维”

知道“维”的本义之后，再来看“维系”是什么意思。“维系”是指保持拴住鸟的状态，不要让鸟飞走了。

“思维”是指人要保持专注，集中注意力。但是我们的思维恰恰像线头一样非常的繁多和杂乱，因此要像驯服凶猛的禽类一样，让思维同内心的状态相吻合。

思维具有连续性、逻辑性和深入性，思维可变为直觉，也可以长时间考虑某个问题。如果思考时很容易感到疲惫，那就说明我们思维的状态不佳。因此大脑是需要经常“运动锻炼”的，只有常用大脑，我们的思维才会更强大。

“白鹤门外养，花鹰架上维”

唐朝著名诗人元稹有一句诗是“白鹤门外养，花鹰架上维”，[1] 表明了在诗人家里，鹤养在门口，鹰养在架上。诗中“维”用得非常好。“维”对应着“鹰”，这里就用到了“维”的本义——把鹰驯服，系在架子上。

历史上的“百日维新”

戊戌变法，又称百日维新、维新变法、维新运动，是晚清时期以康有为、梁启超为代表的维新派人士联合光绪帝，倡导学习西方的科学文化，改革现有的政治体制、教育制度，发展农、工、商业等资产阶级改良运动。

戊戌变法从 1898 年 6 月 11 日开始实施，但因变法损害到以慈禧太后为首的守旧派的利益而遭到强烈的抵制与反对。1898 年 9 月

1　出自元稹所著的《大觜乌》。

21 日慈禧太后等发动戊戌政变，光绪帝被囚，康有为、梁启超逃往日本，谭嗣同等戊戌六君子被杀，历时 103 天的变法失败。

“维新”的维字也用到了本义，要用敲打、捆绑的方式去改良、革新，去匡正不良的社会体制。但遗憾的是，改良走不通，后来终于酿成了“你死我活”的流血革命运动。

『师不必贤于弟子』

贤

本义：有才干、有作为的将相良才

“贤”的甲骨文是。

左边像一个人的眼睛，是向下看的，表示臣服，也表示能够辅佐君王，具有才干的人。

右边代指手，是指有权力、有才干去做事情。

所以说“贤”的本义是有才干、有作为的将相良才。

古人给“贤”的定义是“多才也”，“才”是指具有治国平天下的才能。

“以财分人之为贤”

有人认为，“贤”是货币有余之人，形容人非常富有。《庄子·徐无鬼》中说："以财分人之为贤。"意思是把财富分给别人就称之为"贤"。这个"贤"是指用财布施于百姓的人。

"亲贤臣，远小人"

诸葛亮在《出师表》中对后主阿斗劝谏："亲贤臣，远小人。"意思是要亲近有才干、有能力、有道德的部下，要远离没有真才实学，只会溜须拍马、媚上欺下的小人。

"师不必贤于弟子，弟子不必不如师"

韩愈在《师说》中说："师不必贤于弟子，弟子不必不如师。"老师的道德修养很高，但他不一定真的比弟子有才华有才干，所以"师不必贤于弟子"；同样，弟子可能精神境界不如老师，但会的技能有可能超越了老师。这就像《西游记》中，唐僧没什么本事，有本事的是几个徒弟。然而徒弟再有本事，还是佩服师父一心向佛的定力。

师与弟子，互相学习，才可以教学相长。

还有一种说法，"青出于蓝而胜于蓝"。徒弟出自师门，但将来是要超越师父的。禅宗也有个说法，"弟不如师，师德减半"。从来都是老师找徒弟，不是徒弟找老师，老师要找个徒弟能接班，能把本门发扬光大。找不到这种有宗师潜质的徒弟，师德减半，说明老师没有这种厚德能收到好徒弟。

克

本义：人因为遭受剥皮的酷刑而惨叫

“克”是个很凶残的字，其甲骨文是。“克（）”上面的代表张着口惨叫，是“人”的变形，像身体蜷缩的人。人之所以蜷缩身体，张着嘴惨叫，是因为在遭受剥皮的酷刑。

所以“克”的本义是人因为遭受剥皮的酷刑而惨叫。

“克”是非常凶残的字

有的时候，为了表示人身上流出来的血，还在上面加一点，即，代表受刑人身上流出来的血，强调酷刑的血腥。

后来身上流出来的血演化成了“克”上面的“十”，中间是个口，下面是个人。

也有专家认为，“克”是祭拜、祭祀上天时的祭祀方法，因为克和兄（祝）字很像（甲骨文）；也有人认为，“克”是指在战争当中对待俘虏的酷刑。

后来“克”的本义消失了，另外造了“剋”代替其本义，右边加上了立刀旁，更加形象地表示用刀去刮人皮。

克是“以肩任物”，也是“胜己之私”

在《说文解字》中，根据“克”篆文的形状来解释：“以肩任物”——用肩膀扛物体。也有的字书说：“克者，能也。”“克”代表有能力。

《扬子·法言》认为，“胜己之私谓之克”。一个人若能够战胜自己的私欲和私念，能够大公无私，就称之为“克”。

“相生相克”

在道家的理论中，有一句话叫“相生相克”。

“相生”是指双方能够互相促进、互相激发，也就是双赢。

“相克”是指两方互相抵制，互相敌对。

其实，世界上的万事万物都处在一种相生相克的状态中。正如

“否极泰来，[1] 物极必反”[2] 的意思：事情糟糕到极点，就会向好的方向发展；而事物发展到鼎盛时，也不要太乐观，因为会走向衰败。

因此我们在遇到相克的事物时不要悲观，因为总有事物会与它相生。而在事情顺利时，一定要警醒，加强防备，所谓居安思危，这样在衰败时才能挺住。

总之，我们不能说“相生”是好的，“相克”就一定是坏的。其实“生”和“克”只是一对互相矛盾的辩证统一概念，有“生”就有“克”，有“克”就有“生”，都是互相的因果。

1 出自《易经》。
2 出自《吕氏春秋·博志》。

念

『念念不忘，必有回响』

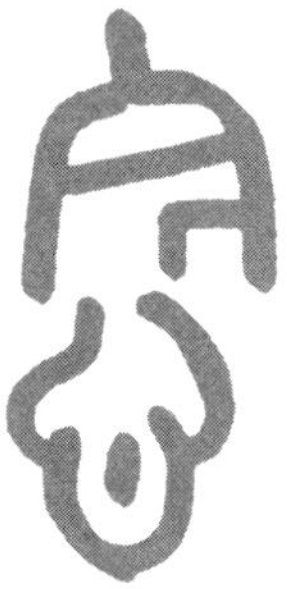

本义：用心去说话，用心在记忆

“念”的金文是  。

“念”的上面是“今”，甲骨文的写法是  ，其本义是人低着头在沉吟，在默念。

下面是“心”，表示用心，是指用心在记忆。

所以“念”的本义是用心说话，用心记忆。我们会说“念兹在兹”“心心念念”，都是表示心和念连接得很近，心有所识，于是在脑中成为念想，在口中成为念诵。

说话不能有口无心

念书的时候不能有口无心。我们经常说小和尚念经有口无心，就是指他诵读经文没有入心，实际上没在念，只有嘴巴在机械地动作。

所以要想念好书，就一定要把念的内容记到心里，这样才能真正有所收获。

未经审视的生活不值一过——“念起心觉”

“念”在《金刚经》中非常重要。《金刚经》中最能体现出的核心观念，一个是“念起心觉”，意思是当你的大脑出现某个念头时，你的内心要有觉察，要知道这个念头会不会导致不好的行为或结果。当内心觉察到不妥时，就会下意识地制止自己，这样就不会让自己做出不好的行为。

古希腊著名的哲学家苏格拉底也认为：“未经审视的生活不值一过。”没有自我审视和思考的生活，是不值得一过的。

木心先生[1]也说：“没有纲领，无法生活。”他的意思是说，假如你没有自己的人生观、世界观，这样的生活只是随波逐流而已。

你在说话、做事之前，一定要先有内心的觉悟、内心的觉察。所以，“念起心觉”是要求一个人对自己负起责任，始终走在正确的道路上。

---

1 木心（1927—2011），中国当代作家、画家，在台湾和纽约华人圈被视为深解中国传统文化的精英和传奇人物，出版多部著作。

“善护念”

在《金刚经》里，还有一个经眼叫“善护念”。

“善护念”和“念起心觉”是对待同一件事情的两种不同方式。“善护念”是说你要善于护持好你的念头，有的时候也可以理解成“善念护”，要保护好善良的念头，或者说也可以把它理解成“念善护”，对于好的念头要好好护持它、呵护它，让它产生好的行为结果。

佛家是讲究因果的，因果全在于你起心动念。念头的种子在埋下后，就开始在思维中慢慢生根发芽，当你不断产生这个念头时，就会越发壮大。因此我们一定要注意“不因恶小而为之，不因善小而不为”。[1] 因为念头是因，行为是果，善因有善果，恶因很可能导致恶果。

有一句话“心念一闪，十方震动”，也是这个意思。不要以为你闪电一样的念头虽然暂时没有导致什么行为、结果，但实际上上下，左右、前后、东西南北都因为你心念的频率上发生了震动。所以我们要做到“善护念”。

1 出自《三国志·蜀书·先主传》。是刘备临终前留给其子刘禅的话，写在遗诏中，劝勉刘禅要进德修业，有所作为。

作

一日不作，一日不食

本义：手工生产的作品

“作”的左边是单人旁，所以和人有关，代表劳作；“作”的右边是“乍”，“乍”是“作”的本字，其甲骨文是。上面的几横是刻出来的纹路，下面的一竖一撇是指工具、工匠，代表工具雕刻出来的花纹。

因此，“乍”，也就是“作”的本义是：手工生产的作品。

“劳作”“手作”

后来，“作”引申为工匠用工具去砍磨，留下了痕迹。

“作”也引申成工匠在劳作，还有现在说的工匠精神。

日本的“手作”是指用手工、手工艺来制作产品。这里的“作”主要是指“百工”，五行八作，各行各业的工匠用工艺制作出来的作品。

“日出而作，日入而息”

在中国早期的诗歌中，有一种“日出而作，日入而息”[1]的生活节奏。太阳出来，一天的劳作就开始了，太阳落山了，人和大自然一样进入休息的状态。很多人都有这样的经历，来到山区或农村里，晚上很早就睡下了，睡得很香，早上天一亮，人就自然醒了。但是在城里，人们经常熬夜，各种声光电的刺激，所以我们现代人不是“日出而作，日入而息”，而是“日出而息，日没而作”。

现在的人为什么会活得昼夜颠倒，百病丛生？因为身体的生物钟颠倒，与大自然的节律相违背。

“一日不作，一日不食”

“一日不作，一日不食”，这是佛门里的百丈禅师[2]制定的佛门清规，是针对吃百家饭、穿百家衣，自己不劳作，只是念念经打打座的懒和尚的。百丈禅师要求出家人自力更生，一天不去田地里劳作，就

---

1 出自先秦的《击壤歌》：“日出而作。日入而息。凿井而饮。耕田而食。帝力于我何有哉。”

2 百丈怀海禅师（约公元 720—814），是唐代禅宗高僧，中国禅宗史上的重要人物。

一天不能吃饭。

“一日不作，一日不食”，实际上是说人要好好活着必须付出劳动，这种劳动既能让你谋生，换取生存下去的资源，更能让你悟道。每天都要劳作，每天才有进步，只有这样我们才对得起每天吃的粮食。

圣

读书只读圣贤书

本义：土地神或先知

“圣”有两种写法，也就是有两个来源。

第一种写法：圣——土地神

“圣”的甲骨文是，上面两只手表示供奉，下面表示土地，意指两只手在土地上进行供奉。供奉谁呢？土地神。因此“圣”（）最早的意思是土地神。“何方神圣”就是指哪儿的山神，哪儿的土地公公。

第二种写法：“聖”——先知 / 人类当中具有智慧的人

第二种写法是“聖”，它的甲骨文是，上面是一只大耳朵，指听觉很灵敏，能够感知到普通人感知不到的事情，比如能听到远方敌人来袭，会不会发生地震等等。这种人就称为“聖”。后来为了表达在预测方面，预言能力和听觉一样重要，在的右侧又加上“口”，即。

“聖”（）的下面是一个变形的人的形状。

因此，“聖”的本义是通天地、有预言能力的先知。

“圣上”“圣贤”“圣贤书”

“圣”除了指先贤大德、圣人之外，还指最高权力机构的领导者，比如皇帝，古人经常会尊其为“圣上”。

古代还把能力高于普通人，具有高等智慧的一些人作为“圣贤”来看待。

在中国古代，对读书人而言只有一条路可以走，就是圣贤之路。因此，读书人往往“一心只读圣贤书”，读“圣贤书”最大的好处就是书里蕴含着大量的高等智慧，可以帮助人变得通透、有学问、懂道理，能够平和地看待生命和宇宙的万事万物。“圣贤书”的“圣”就是我们孜孜以求的真理。

“为往圣继绝学”

对“圣”的认识要分成两部分：

一部分是去除其中的迷信色彩，因为一说到圣人之学，大家往往感到高深莫测、高不可攀，甚至把其神秘化，供上神坛；另外一方面，在追求神圣之学时，我们要认识到，最神圣的往往是最平凡的，神圣的东西不在天涯海角，就在眼前，只是有可能你视而不见。

因此，我们不能“高推圣境”，把一些东西神秘化、迷信化；同时要注意如何“为往圣继绝学”，好好传承那些真理性的学问。

总释

『景行维贤，克念作圣』

“景行维贤”是说只有贤良的人士才具有高尚的德行；“克念作圣”的意思是，要克制私欲、私念，效仿圣人并努力成为圣人。

“景行维贤，克念作圣”的意思是，高尚的德行只能在贤人身上看到，但是当你控制自己的欲望时，也可以成为品德高尚的圣贤之流。

拾贰

CHAPTER 12

德建名立，形端表正

“德建名立，形端表正”是指导我们如何去做人，要具有良好的道德品质，要表里如一，要努力地向好的榜样看齐，这也是我们做人的标准。

德 · 300

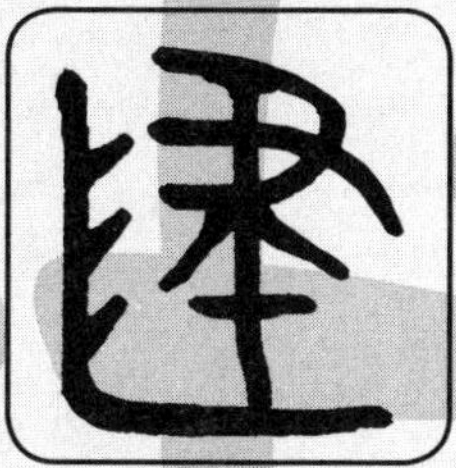

建 · 302

名 · 305

立 · 309

形 · 312

端 · 316

表 · 320

正 · 322

德

永远不要站在道德高度去绑架别人：『上德不德，下德执德』

本义：把握好方向，专注向着目标前进

“德”的甲骨文是，是行走的“行”（甲骨）加上“直”。“直”（甲骨）的本义是大道直行，是指将目光盯着一个方向前进，所以引申为道路、方向和坚定的意念。

双人旁和行走有关；“直”是指目光专注于一个方向；“心”和内心的觉悟有关。

所以，“德”的本义是把握好方向，专注向着目标前进。

佛家有一句话叫“直心是道场”，也和“德”的本义一致。

“德者，得也”

在古代，“德”和“得”是通假字，“德者，得也”。

“得”代表长途跋涉到湖海之滨去寻觅和拾捡贝壳，引申为道德品质高尚的人要行有所得，内心要有自得；而“德”指道德完善，道德高尚，内心要有所得，每日三省己身后发现自己又进步了，每一天都不虚度。德从“向外看路”，引申为“向内看心”。儒家的修养方式是“不假外求”“反求诸己”“返观内视”。

所以，一个人要想不断自我完善，修养道德，就要不停发现、弥补思维和言行上的漏洞。

“上德不德，下德执德”

《道德经》说：“上德不德，下德执德。”这是什么意思呢？真正有道德修养的人，是能超越世俗意义上的道德观念的。“下德”就是世俗意义上的道德，是执著于对和错，善和恶，真和假，美和丑的道德。而真正至高无上的“上德”是超越“下德”的，“上德”只能用来要求自己、用来自律，而非指责别人。

所以，“上德不德”一定是先验性地超越了普通的道德标准。“下德执德”是说，如果太过执著于道德，就会用道德的准绳要求限制别人，这样反而是没有道德、没有修养的表现。

所以，有道德的人从来不会指责别人，而是永远寻找自己的问题，这样的人才是有德之人——“大德”。

建

『百日筑基』，方可『建功立业』

本义：在山脚建造房屋

“建”的金文是，左侧是，表示山地，表示墙基；“聿”（）是手持（）杵棒（），表示夯土筑墙。

所以“建”（）的本义是指在山脚建造房屋。

“封建”——什么是封建社会?

我们经常说古代是封建社会，封建主义，“封建”究竟是什么意思呢?

“封”指把东西围起来，而“建”是指辟山为址，筑墙造屋。“封建”表面的意思是把一块土地围起来，挑风水好的地方建造房屋，这就对应了西周贵族诸侯分封制。[1]

分封一块领地给贵族，贵族就有很大的自主决策权，并有义务把一方土地治理好，这就叫封建。

关于古代社会是不是封建社会的问题，目前学界的专家有很多不同的意见。有人认为，秦汉以来，中国的行政区划一直是科层制，是由中央派遣官员去治理地方。中央管辖的地方叫省/州/府，省/州/府再去分管下面的县乡，是一层一层地指派官员去管理，这就和"封建"关系不大。

在秦汉以前的商周时代，有些诸侯是君王的后代，还有一些是王室功勋亲臣，让他们去管理不同的区域，也就是封建社会。

"建功立业"不是"出名要趁早"

有一个成语是"建功立业"，表面上是说建立功勋，成就大业，但是往深处想，成就功名事业不是短时间内能做到的，就像罗马不是一天建成的，每个人都不是突然就变得有钱有名望，这是日积月累的过程。

像修建筑物一样，首先要打地基，地基打得越深，盖的楼房就会越高越稳固。

现在很多人都急于出名，都觉得"出名要趁早"，心火很重，像

---

1 西周实行分封制，周天子是居于至高无上的绝对支配地位。周王把王族、功臣和先代的贵族分封到各地做诸侯，建立诸侯国。

打了激素一样恨不得立刻功成名就。这样可能在短期内会获得效应，但长期来看，因为底蕴不足，必然会像一阵风一样吹散。其实我们还是要有一种十年磨一剑的心态，做好长期坐冷板凳的心理准备。

现在很多人应付日常琐事就已经非常疲劳了，少有工匠精神，更缺少对自己、对社会、对自然的认知，因此地基往往打得不牢固，当有机会来的时候，就不容易抓住。

道家讲“百日筑基”，也是这个道理。事实上，我们不仅要“百日筑基”，还要学会“潜龙勿用”[1]——在自己还弱小时，虽然势头较好，但更要韬光养晦，小心谨慎。

1 语出《易经》。

名

我们应该如何看待名利

本义：天黑了，父母召唤孩子回家吃饭

“名”的上面是夕阳的“夕”，代表月亮出来了；下面是“口”，是指父母大声喊着孩子的名字，让回家吃饭。亦有一说是，天黑时看不清对方，打招呼时自报姓名。

这个字从古至今的变化不大，从甲骨文开始就是这样。不同的是，有的甲骨文是左右结构（），有的是上下结构（）。[1]

“名”是象意字，既有象形又有会意。

所以“名”就是天晚了，父母呼唤着你的名字，叫你回家吃饭。

1 在古代，字的笔画和结构并不是一成不变的。最初写字就是画字，所以字的笔画并不精确，有时只是为了传递印象，所以字会加笔、少笔，或者是左右结构、上下结构，都会存在变化。

因此，“名”的来源和姓名有关。

你知道自己的“姓”“名”“字”吗

“姓”与“名”总是连用，“名”和“字”也常连用，“姓”的左边是“女”，右边是“生”，是因为在母系氏族社会，孩子大多不知道自己的父亲是谁，但都知道自己的母亲和外婆，所以在母系社会孩子都是跟着母姓的。

姓是指母姓，名是指自己的名字。

“字”的上面是宝盖头，下面是“子”，本义是在家里生孩子。在古代，“字”是男子在成年后给自己名字的一个解释。比如说李白，字太白；胡适，字适之；韩愈，字退之，等等。

名是大名，有时候古人自称时常会称字，而不称名，就是自谦。后来，字因为有繁殖的意思，代表着生命生生不息，而文字像生命一样，从象形字向形声字发展，从独体字向合体字发展，像家族一样越来越大，所以“字”又引申为文字。

“名称”“名相”

现在，“名”的意义内涵都延伸得很广了。

“名”可代指名称，所有的称呼都称为“名”。

哲学中也有“名相”的说法，“名”是所有名称的总称，万事万物皆可有所命名；“相”是指万事万物都有形象，都可见，都可触摸，都有实体。

“名”和“相”就组成了我们所了解的客观世界，或者说是现象世界，所有的现象都称为“相”。而这个“相”，是我们在理解、解释、体悟了事物的真相后，将其本质概括起来，并为之取名，就称为“名相”。

“名可名，非常名”

《道德经》说：“名可名，非常名。”意思是万事万物都有自己的概念和命名，但都在发生变化和迁移之中。此时的你，已经不是上一刻的你了，虽然还是叫作你。

“无名天地之始，有名万物之母”

大家对于“名”一定要看开，“名”终究是虚名。

很多人面对“名”和“利”都会犯各种错误。虽然“名”是虚名，但是“利”是实利，当很多人没有“利”时，首先就要过“利”这一关，当他有“利”时就会要求“名”了，就要过“名”这一关。

有的人出名是为了得利，有的人得利之后又想留下身后名，怎么办？老子说：“无名天地之始，有名万物之母。”没名称的是天地的开端，而延伸万物时就开始有名称了。

从有“名”到“无名”，最后我们都会走向寂然，所以我们要正确地树立对待“名”和“利”的态度。

为什么“名”排在“利”之前?

乾隆皇帝下江南，看见运河上船来船往，热闹异常，问:“来来往往这么多船都在忙什么？”纪晓岚答曰:“这船无非两只，一只为名，二只为利。”

“名”经常排在“利”的前面，是因为要想获利，首先要有名。比如企业做品牌就是这样。“品牌”就是“名”。没有好口碑、好信誉以及大众的认可，产品是无法畅销的。

“名”是虚荣，“利”是实惠。所以叫“虚名实利”。孔子说:“名不正，言不顺。”名正言顺才好做事情，做事情才能获利。

现在娱乐圈好名到什么程度？在微博上花钱买水军造假，使自己一条微博的转发量上亿。打假后，微博上流量明星的数据缩小到百分之一。为什么造假？让自己知名度更大，知名度大了，身价就高了，就有了利。有了利，再去打造更大的知名度。

所以说，“名”和“利”，就是蛋和鸡的关系。大部分人一辈子都看不破。看破了，也躲不过。

立

『凡事预则立，不预则废』

本义：人站在地平线上的样子

“立”是象意字，其甲骨文是，表示人站在地平线上的样子。后来，引申为一个人顶天立地的样子。

“君子以立不易方”

《易经》中有一个“恒卦”，是指雷在上，风在下，所以称“雷风恒”。恒卦的意思是：“君子以立不易方。”“不易方”是不改变方向，意思是真正有德行的人，是有恒心和毅力的，不会轻易改变方向。也可以理解成：君子因为自己人格独立，能够独立行事，具有独立的态度，所以不受外界的干扰。禅宗称之为“境不夺心”，就是外境不会扰乱自己的内心。

“立人”先“立志”

古人不仅仅讲究“立人”，而且在“立人”之前，首先强调要“立志”。“志”就是你的理想人格，是你想要成为的人。“立志”应是人生的第一课。希望家长们能够帮助孩子从小就“立志”，这个“志”不一定远大，不一定要立功，但是要和孩子人格的培养、自我完善有关系。

“凡事预则立，不预则废”

《礼记·中庸》说：“凡事预则立，不预则废。”做事前要提前筹划才能成功，不预先筹划就可能半途而废。

在现代社会中，有很多策划的职位，比如策划人、策划总监、创意总监等等，都是通过策划让一件事尽快达到目标。

虽然策划也不一定做得好，但是不策划一定做不好。怎么样让事情变得成功、成立，是大家要去想的。

“三不朽”——“立言”“立功”“立德”

在中国传统的儒家文化中，有“立言”“立功”“立德”，是谓“三不朽”。[1]评价历史人物往往以“三立”为标准，比如说曾国藩、王阳明、辛弃疾都能做到“三立”，从而进入“三不朽”的境界。

1 出自《左传·襄公二十四年》。

“立言”是指有传世的著述；“立德”是指做到修身克己；“立功”是指有现世的功业，治理国家有功叫“文治之功”。

做到“三不朽”，就是非常完满的人生。

在天为象，在地为形

形

本义：眼睛可以看到的图案、图像

“形”的籀文[1]是，左边的“开”（）意思是矿井；代表从矿井中开采出来的矿物质，可以做成颜料，用来绘画、绘图；右边的“彡”（）代表画出来的纹路、图案和形象。

因此可以理解成，从井底采取矿物质颜料用以涂抹并画出纹路。那么“形”的本义是眼睛可以看到的图案、图像。

“形”还有一种写法是，像两根棍子正在碾磨矿物质。是表示碾磨的动作。

所以“形”有两个来源：一个源自矿井里可以用来涂抹绘画的矿

1　籀（zhòu）文：古汉字中一种书体的名称，又称籀文或“大篆”“籀书”。籀文起于西周晚年，春秋战国时期行于秦国，字体与秦篆相近，但字形的构形多重叠。

物质材料，另一个源自碾磨的动作。

“有形无神”

“形”和“神”相对应。

“有形无神”是指能看到个体的形态，但是个体内部没有深层次的内涵和价值。比如像现在生产的一些食品、食物，别看外表诱人，但是吃下去没有营养，所以是有形无神的。

“形影不离”“形单影只”

形影不离是形容物体只要有具体的形态，就一定会在光线下出现影子。

但很多时候我们会误把影子当作形体，比如“水中花”“镜中月”。

“形”和“影”在很多诗词中常常是相伴出现的，比如“形单影只”“形影不离”。“形单影只”是形容一个人孤独的样子。

“形”和“刑”通假

“形”和“刑”是通假字。“刑”的左边也是井字旁，现在都写成“开”，实际上在古时候是井字旁，代指木枷；右边是立刀，代表刑具。

“形”和“刑”音相近、义相近，所以在古代会互为通假字。当我们阅读古代文献时，看到这两个字，要想到把它们联系在一起。

“在天为象，在地为形”

《易经》中有一句话：“在天为象，在地为形。”“在天为象”的意思是，天上的事物都是天象，它只能让你看到，但是摸不到、触不到；“在地为形”是说地上的事物是物质，是山川大地、河流树木、鸟兽鱼虫，都有形体，这里的“形”不是指形象，而是指形体。

陶渊明的哲学思想在“形影神”三首诗中

《形影神三首》是陶渊明创作的一组五言诗。组诗中的“形”指代人乞求长生的愿望，“影”指代人求善立名的愿望，“神”以自然之义化解他们的苦恼。

第一首是《形赠影》，写形对影的赠言：天地、山川之形可以永存，草木虽枯犹能再生，而只有人的形体必然要死亡消失，所以应当及时饮酒行乐。其中有句：“我无腾化术，必尔不复疑。愿君取吾言，得酒莫苟辞。”

第二首是《影答形》，写影对形的回答：生命永存既不可能，神仙世界亦无路可通。既然如此，不如尽力立下善德，留给后人，这岂不比饮酒行乐要高尚得多。有句：“立善有遗爱，胡为不自竭？酒云能消忧，方此讵不劣！”

第三首是《神释》，写神针对形、影的苦衷和不同观点进行排解。认为长生永存的幻想是靠不住的，人生终将一死；但饮酒使人短寿，立善也无人为之称誉，过分担忧生死之事反而会损伤自己的生命；因此莫如顺应自然，以达观的态度等闲视之。有句：“纵浪大化中，不喜亦不惧。应尽便须尽，无复独多虑。”

『行得端，立得正』

端

本义：在长途跋涉时脚步一定要笃实稳重

“端”有三个读音：“duān”“zhuān”“ruì”。

“端”的左边是“立”，指人站在地面上；右边是“山”加上“而”，也就是“耑”，其甲骨文比较复杂，是，指脚上有水，即涉水；代表拄着拐杖的老人，所以“耑”的本义是老人拄着拐杖过河。

因此，“端”（）是指在长途跋涉，历经千辛万苦到达目的地前，脚步一定要很稳重，才能应对未知的危险。“行得端，立得正”就是这个意思。

所以，“端”也指心里很稳定，不慌不忙的内心状态。

“端上来”“顶端”“端午节”“端阳节”

“端”还有动词的用法，比如“端上来”就是手上要端稳，把东西端端正正地拿上来；“顶端”是指顶部；端午节，是每年农历五月初五。据《荆楚岁时记》[1]记载，因仲夏登高，顺阳在上，五月是仲夏，它的第一个午日正是登高顺阳（顺从阳气）的好天气，故五月初五亦称为“端阳节”。所以，这里的“端”也是开端的意思。

“湍”“惴”“瑞”

“湍”形容河流流得很急，很迅猛；如果过河时心里很着急，就加上竖心旁，即“惴”，惴惴不安；如果老人佩着一块玉，就叫“瑞”。

行为不够端正，首先是因为心术不正

人们常说要端正态度，怎样才能端正态度？

首先要保持内心的专注平和，没有太多的杂念，没有那么多的思前想后、患得患失，就叫态度端正。

行为不端又是什么意思？意思是杂念太多，导致行为出现了偏差，产生了某些不好，甚至是很恶劣的后果。

---

1 《荆楚岁时记》是记录中国古代楚地（以江汉为中心的地区）岁时节令风物故事的笔记体文集，由南北朝梁宗懔撰。全书共37篇，记载了自元旦至除夕的二十四节令和时俗。

行为不够端正，首先是因为心术不正。因此，若要行得端，首先心要正。要检讨自己思维中不好的起心动念。

“端端正正”——跋涉过去，到达彼岸

“端”的本义，就是过河的老人拄着拐杖，定下心神跋涉而去的样子。这其实是一个隐喻，意味着在我们的人生当中，也要这样端端正正。

端端正正不是意味着四平八稳，而是要你在生命的进程中能够行得端，立得正，能够心思沉定，不畏艰险地跋涉到彼岸。

曹端其人

历史上有个叫曹端的人，端就是端正的意思，所以他给自己取的字就是“正夫”。字、号是对姓名的补充，姓名为父母所赐，字、号为自己所取。朋辈之间称呼字以显亲密，直呼其名被视为不礼貌。

曹端是明初著名的理学家。[1] 他五岁时就读古代早期文献《河图》《洛书》，并且在地上画出图形，向父亲提问、辩论。成年之后，他专心于性理学问（性命与客观规律的哲学），不仅重知识，也重实践，尤其明白静坐涵养的必要。他读宋代儒学思想家的著作《太极图》《通书》《西铭》后，忍不住感叹说：“这就是真理啊。”于是他更加坚

1　理学是儒学在宋明时代的发展，以朱熹为代表，强调万物皆有理的存在。

定了学问的方向，发愤读书，以至于座位下放脚的砖块都被磨破了。这是他好学不怠的故事。

他对双亲也至为孝顺。父亲一开始喜欢佛家的思想，他怕父亲思想走偏，就请父亲阅读《夜行烛》，并且说："佛家思想是以空性为性，但这不是儒家的天命之性；道家思想是以虚（无为）为道，但不是儒家的率性之道。"父亲认为说得好。后来父母去世，曹端无心于饮食，安葬完毕，又守墓了六年。这是他事奉双亲的故事。

曹端一直将儒家学说奉为正宗，将宋代理学奉为极则。他悟道："天下没有天性之外的事物，天之性是无处不在的。天之性即是天之理，天之理的别名叫太极、叫至诚、叫至善、叫大德、叫大中，名称不同，但本质都是一样的。"

宋明理学（第二期儒学）的思想家大都研究过佛道的学说，并援其入儒，丰富儒家的性理学说，从而大为丰富扩张了儒家的思想。

另外要注意的是，儒家之所以由先秦时代经世致用的人伦秩序学说，转为修身立命向内探寻的性理学说，[1]是因为在漫长的专制统治过程中，朝代更替，治乱循环，儒学思想家们向外治世的途径往往不张，只得"反求诸己"，向内心及精神深处寻求人生的意义，因此而悟入究竟真理[2]的人不在少数。也就是说，专制权力主观上压制了知识分子的外向性自由，但客观上却使知识分子走向了内向性的精神自由和解脱之道。

1　儒家学者研究天性和天理的哲学思想称之为性理学说。

2　世界与人生的本质被称之为究竟真理。

不要做表面功夫

表

本义：衣服外面的皮毛

“表”的甲骨文是，字形像鱼刺，但实际上是指衣服外面挂着动物的皮毛。

“表”的籀文是，左边是衣服的“衣”，右边是鹿的图案，所以它的意思是用鹿皮缝制而成的衣服。

“表”的篆文，中间是“毛”，下面是“衣”，意思是“衣”中间夹着毛皮。

“表”的本义是衣服外面的皮毛。

“体表”“表现”

体表是指身体的皮肤。

我们经常夸奖某个人“表现”很好，要注意“表现”和“体现”的区别。“表现”是指表面文章，而“体现”是从内部生发出来的。所以说一个人表现很好，那有可能是这个人只做了一些表面功夫、表面文章。但是如果说某个东西能体现出什么，就说明它的实质是不一样的。因此，“表”也指虚伪、文饰，做给别人看，这就叫“徒有其表”。

“裱”“婊”

“表”加上偏旁就会衍生出其他的字。比如加上“衣”字旁变成裱东西的“裱”，裱画、装裱。

加上“女”字旁就变成“婊”。在网络上经常会看到一些词，比如“绿茶婊”“心机婊”。

其实“婊”在古代指妓女。为什么指妓女？是因为她是在用自己的身体做皮肉生意，用皮囊养家糊口，靠外表谋生。而在“心机婊”“绿茶婊”这些词中，“婊”的词义发生了一些变化。但是它又用上了“表”一部分的本义，就是说一个人是在做表面功夫，内心并不真诚，主要是在形式上下功夫。

《出师表》中的“表”是什么意思

《出师表》中的“表”是什么意思？是给别人显示出我讲的道理。把含有思想的文章公之于众，就可以称为“表”。比如说古代臣子上奏给皇帝的一些奏章，也称为“表”。后来就把“表”引申为文件，有一些文件我们称之为表格。

『正』是『止于一』

正

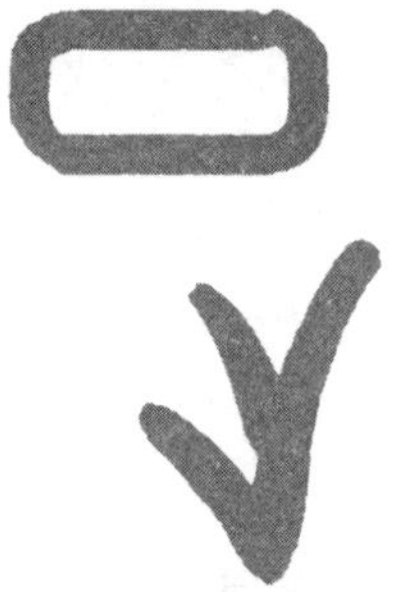

本义：讨伐部落

“正”的甲骨文是。一般指洞穴、家庭、人的嘴、头部，亦指城邦、城邑、部落。指脚，这只脚要去攻打部落，把部落踩平。

因此“正”的本义是讨伐部落。

“止于一为正”

“正”的甲骨文另一种写法上面是“一”，下面“止”。经常

有人用义理[1]“止于一为正”，来解释“何为正”。

“一”是指“天人合一”，佛家说的“不二”，也是合一。除此之外，儒家强调“知行合一”。

也就是说，“正”是“止于一”。“止于一”的意思是，让我们做到知行合一、天人合一、不二，心物一元。

用暴力的方式解决掉恶势力，就称之为“正”

古代的皇帝会亲自东征、西征，“征”是指出师有名，打着正义的旗号，把另外一个地方的恶势力解决掉，让这个地方从此变得好起来，这就称之为“正”。

1 义理的含义：一，合于一定的伦理道德的行事准则；二，指讲求儒家经义的学问；三，称宋以来的理学为义理之学；四，代指文辞；五，同“道理”。

『德建名立，形端表正』总释

“德建”是指养成了好的道德品质，“名立”是说有了道德品质，就会有好的名声。所以好的名声不是求来的，只有好的道德品质才会有好的名声。

“形端表正”的意思是形体端庄，仪表也会变得严肃、端正、肃穆。

“德建名立，形端表正”，是指导我们如何做人，要具有良好的道德品质，要表里如一，要努力地向好的榜样看齐，这也是我们做人的标准。

拾叁

CHAPTER 13

空谷传声，虚堂习听

“空谷传声，虚堂习听。”字面的意思是在空旷的山谷中，呼喊的声音可以传得很远；在宽敞的厅堂里，说话的声音可以非常清晰。因此，这句话引申成，人只有保持谦逊和虚心，才能听到外界的声音。

空·328

谷·331

传·334

声·338

虚·341

堂·345

习·348

听·351

真空生妙有

空

本义：挖出空间来容身

“空”的金文是，其写法和现在的写法一致，都是上“穴”下“工”。“穴”（）表示洞穴，实际上是古代的窑洞；表示劳作，因此“空”的本义是挖出洞穴来变成居住空间。

后来篆文发生了一些变化，上面洞穴的“穴”写成了，表示房梁屋顶；下面“工”中间的一竖也加了很多纹路，表明精工细作。从洞穴到屋顶，说明人们的居住条件改善了，更表明了时代的进步和发展。

“司空”是什么意思

值得一提的是，很久以前有一个官职叫“司空”。“司”是掌握、掌权的意思，比如司令，就是发号施令的人；“空”是指空间。因此司空就是负责挖洞盖房子的人，相当于现在的建筑部或者建设部负责人。

“空”是包容万物，不是虚无、什么都没有

“空”不是没有的意思，而是指包容。就像天空一样，“天空”不是因为天上空荡荡，所以叫“天空”，而是因为“天空”中可以容纳星星、月亮、太阳、银河系等等物质，因此才称其为“天空”。

“色即是空”是什么意思

佛教经常说“色即是空”。什么是“色”？能够看得见摸得着的有形之物，形形色色，都是“色”；我们的五官能感觉到的都叫“色”。“色即是空”的意思不是有形体的东西、能感觉到的东西将来都会消失，都将归于虚无，而是所有具有形体、形象的事物，都被包含在空间里，所谓的消失只是空间形式的互相化生转换。在微生物里也是这样。

“空性”是什么意思

从物理学上讲，“空性”实际上是具有空间的包容性。比如原子是由原子核和外面的电子构成的，就像在一个音乐厅那么大的空间里有一个乒乓球，这个乒乓球就是原子核，这个音乐厅就是电子包裹的大空间。所以细微到原子也是具有空间的包容性的。

如果我们再细微到量子来讲，同样是如此。量子物理学中有一个“测不准原理”，粒子既没有固定的速度，也没有固定的位置。或表述为，你不可能同时知道一个粒子的位置和它的速度。所以粒子还是空的，因为它在很大的空间运动。

“色即是空，空即是色”，实际上无论是物理还是我们的心理，都是具有空性（包容性）的。这就是尹喜解释老子之道所言的“其大无外，其小无内”。尹喜所著的《八筹》中有非常有名的一段话：“是道也，其来无今，其往无古，其高无盖，其低无载，其大无外，其小无内，其外无物，其内无人，其近无我，其远无彼。不可析，不可合，不可喻，不可思。惟其浑沦，所以为道。”

“遁入空门”是什么意思

我们还应该从“真空生妙有”的角度去理解佛家所讲的空。佛教称之为空门，“遁入空门”的空不是说万念俱灰，而是能够胸罗万有，能容纳所有是非，“容天下难容之事”，这个“容”就是“空”。

“一念变菩提”

所谓“空”，是说如果能够装下烦恼，一念就变成菩提了；如果装不下烦恼，就会一直生气。所以，如果你不了解“空”的本义，装不下烦恼，就会和烦恼发生冲突、对抗，因为你不想要它。而当你能容纳它时，它就不会变成对抗的力量，更不会变成一个反作用力。

空不是无，不是没有，而是对变化的承认和顺应。

谷

谁没有进退维谷的时候

本义：水从山上流下成为峡谷，或是用农械打稻脱粒

“谷”有两种含义，分别是山谷和粮食。这两种意思在古代是不一样的两个字。

第一种意思：“谷”——从山上流下来的水

山谷的“谷”，其甲骨文是，表示水从山坡两侧向下流淌，是指山口。所以，“谷”（）的本义是水从山上流下来，也就是峡谷。

第二种意思：用农械打稻脱粒

“谷”（穀）是指稻谷。“五谷丰登”应该是“五穀（gǔ）丰登”。“穀”的金文是，其上半部分是，代表“轂”，是指车轮

中间可以插车轴的洞；下半部分是 ，代指禾、稻，因此“穀”是指用形似车轂的农械打稻脱粒。

我们知道，“穀”和另外一个字的字形特别像，就是“轂轆（gǔ lù）”[1] 的“轂”。实际上，“穀”是“轂”的假借字。

这两个字之间有什么样的关系呢？

对此有两种解释：

“轂”是指车轮中间可以插车轴的洞，也可以指轮子。古代怎么给庄稼脱粒？就是用碾子碾，碾完把糠和秸秆扬出去——把糠皮和谷物扬到空中，借微风的作用，把糠皮吹走，常用词“扬弃”就是指这个动作。而碾子的结构和车轮是一样的，两头有“轂”，装在一个木框里，用人或者牛拖着在谷物上滚动。这种方式在现代机械普及前是很常见的，但现在基本见不到了。

还有一种与之类似的解释，但具体的细节有所区别。“穀”是一种脱粒方式，是把庄稼放入类似轮轂[2] 的器械中脱粒，而不是用碾子碾。

总之，这两种说法都和“打谷”、脱粒有关。人们把“轂”左下方的“车”换成“禾”，就产生了“穀”。在汉字简化的过程中，就把“穀”和山谷的“谷”合并了。

所以，“谷”有两层含义，有的时候是指从山上流下来的水，有的时候是指用农械打稻脱粒。

1　同轱辘。

2　一，轮子的圆柱形中心部分；二，轮船螺旋桨装叶片的部分。

“进退维谷”——穷途末路

有一个成语“进退维谷”，是指前进后退都是山谷，大家都知道山谷是没有路的，所以“进退维谷”是指一个人走到了山穷水尽的地步，代表着穷途末路。

“沉没成本”

经济学中有个说法，叫“沉没成本”，意思是最早投入的钱有可能是收不回来的，这部分钱就是“沉没成本”。

其实做很多事情都有“沉没成本”，就像盖房子打地基，你是看不到的，因为它埋在地下，但是不打地基又肯定不行。所以，当这部分钱花出去后，或者付出部分努力之后，你可能会面临进退维谷的境地。尤其是当你对前景没有把握的时候，继续投钱、投入精力，事情可能仍然办不成，不投就只能眼看以前的钱和努力全部作废。

这也是现在的天使投资[1]人经常面对的情况，把钱投给了创业者，就上了套。项目遇到困难，收手还是继续投？这个问题常常让人感觉进退两难。所以我经常跟徐小平[2]开玩笑说：“天使也会哭泣。”

---

1 天使投资人又被称为投资天使（Business Angel），天使投资是权益资本投资的一种形式，指具有一定净财富的个人或者机构，对具有巨大发展潜力的初创企业进行早期的直接投资，属于一种自发而又分散的民间投资方式。

2 新东方创始人，著名留学、签证、职业规划和人生发展咨询专家，现创“真格”天使投资基金。

传不习乎？

传

本义：传递物品

“传”（傳）的甲骨文是。

“传”是左边单人旁加上右边的“专”（專）。

想知道“传”的本义，首先要明白“专”的意思。

第一种意思：手扶纺锤，转动纺车

有人认为，“专”的甲骨文是，是指用手扶着纺锤，然后转动纺车，把纺出来的线绕在纺锤上。

后来加了一个人字旁，即成为“传”，指转动纺车、传递物品之意。

第二种意思：古人利用驿车一站站转递信件及物品

“专”（專）的甲骨文是，有人认为上面是车轮，或者是轴承，下面是“寸”。“寸”是手的形状，因此，“专”也指手扶着转动的车轮。加一个单人旁成为“传”，是指车马传递。

古时候传递东西就是用人一地一站，骑马换马，传递文件和物品，这也就是“传”的第二种意思。

纺锤和转动有关，车轮和转动也有关，因此“传”既是指手扶纺锤，转动纺车，交相传递；也是指古人利用驿车一站站转递信件及物品。

“传不习乎？”：“传”是在传递学问，传递知识

王阳明所著的《传习录》，其书名来源是曾子的一句话：“传不习乎？”曾子说：“吾日三省吾身。”[1]每天要问自己三次，其中一问就是“传不习乎？”

“传不习乎”的意思是，别人传授给我的知识，我有没有温习呢？其中“传习”就是传授知识，不断温习的意思。所以“传”也是在传递学问，传递知识。

---

1 《论语·学而》：曾子曰：“吾日三省吾身——为人谋而不忠乎？与朋友交而不信乎？传不习乎？”

“传承”

工匠非常讲究“传”。

人们常说的某一派或某个技术、学说的第多少代“传人”，比如物质或非物质文化遗产的传人，这些民间的匠人，都是一代一代传下来的。

师父把技术和学识传给弟子，那么弟子的身体，就已经不属于父母了，而是属于师父，称之为“带艺之身”。这是因为师父把技艺传递到弟子的身体里。而弟子没办法再把技艺、技术归还给师父。

所以，在古时候，老师、师父对自己的徒弟，可能胜过了父母对自己的孩子。为什么呢？因为父母给了你的身体，而师父给了你安身立命的本领。父母之传，是血脉相传；师父之传，是法脉相传。

“经师易得，人师难得”

“传”代表着中国古代传统的教育方式。在古代，老师和学生生活在一起，每天碰到问题时，就会随时交流。

所谓“经师易得，人师难得”，意思是给你传递知识的老师很容易得到，但是教你如何做人的老师很难得。古代的师徒制，在学问的传递上做得很好，这是因为老师和学生经常在一起交流，所以老师不仅要学问好，道德也要好，学生甚至会模仿老师走路，模仿老师做人。老师和学生坐而论道，朝夕相处，整天相伴，孔子以前就是这么教导学生的。

“弟不如师，师德减半”

在传统的教育当中，讲究“传帮带”，即老师言传身教，教授徒弟知识与本领。甚至还有一句话说：“弟不如师，师德减半。”就是说，在传递学问、真理的过程中，假如徒弟学问不如老师，就说明老师的德行还不够圆满，没有福报得到能光大门楣的弟子。

声

『风声雨声读书声，声声入耳……』

本义：敲磬发出声音

“声”（聲）的甲骨文是，和敲击、击磬从而发出声音有关。

甲骨文从耳、从口，殸聲。从耳，表示听闻声音；从口，指发出声音；殸，表示以手持槌击殸，使其发出声音。殸，古同“磬”（qìng）”，多由玉石制成。

磬的声音最能够让人提神，让人保持清醒。所以和尚入定时就要敲一下磬，磬的声音进入到耳朵里，他就会出定；当你昏睡的时候敲一下，也可以促使你清醒。

古人认为人对于磬的声音最敏感，且最容易接受，因此磬的声音最容易与人产生共振。

“声”的繁体字“聲”，上半部分就代表“磬”，下面加了一个耳字旁，表示听到。这是“聲”的来源。

"声声慢"

有一个词牌名叫"声声慢"，这个词牌名之所以得名，是因为大词人蒋捷[1]写的一首词，它的名字原先是《胜胜慢·秋声》，后来因为它描写了很多种声音，大家又觉得写得非常好，就把它改成了"声声慢"。

大家读一下蒋捷《声声慢·秋声》里的声音，数一下它有多少种：

黄花深巷，红叶低窗，凄凉一片秋声。豆雨声来，中间夹带风声。疏疏二十五点，丽谯门、不锁更声。故人远，问谁摇玉佩，檐底铃声。彩角声吹月堕，渐连营马动，四起笳声。闪烁邻灯，灯前尚有砧声。知他诉愁到晓，碎哝哝、多少蛩（qióng）声。诉未了，把一半、分与雁声。

这里提到了雨声、风声、更鼓声、檐铃声、彩角声、笳声，还有砧声、雁声、蛩声，从深夜到拂晓连续不断地写出各种声音。

蒋捷生活在宋末元初，刚刚中了进士，南宋就被灭了。他隐居在太湖一带，不肯出来做元朝的官，但是"风声雨声读书声声声入耳，家事国事天下事事事关心"。他听到大自然和市井的声音，不禁心潮起伏，愁断人肠，所以写了这首《声声慢·秋声》。

---

1 蒋捷（1245—1305），字胜欲，号竹山，南宋词人，宋末元初阳羡（今江苏宜兴）人。先世为宜兴巨族，咸淳十年（1274）进士。南宋亡，深怀亡国之痛，隐居不仕，人称"竹山先生""樱桃进士"，其气节为时人所重。

人有六感——眼、耳、鼻、舌、身、意

人们都有发声器官，发声器官是五官之一。在佛教中把五官和大脑合称为“六感”，就是眼、耳、鼻、舌、身、意。眼睛是视觉，耳朵是听觉，鼻是嗅觉，舌是味觉，身是触觉，意是思维，所以眼、耳、鼻、舌、身、意，对应的就是色、声、香、味、触、法。

在声音中提升境界

声音存在着很强悍的力量。有些人听到音乐就会跳舞，或者听到声音就会心潮起伏，观世音菩萨也是通过声闻觉[1]达到觉悟的状态。有时候念佛持咒都是通过声音的法门获得境界的提升。

一些伟大的诗人、词人，他们在注重诗词时，也非常注重声音的韵律感和节奏感。通过五官，对声音的感觉能够取得通感的效果，因此声音是我们很重视的一门艺术，更是提高境界的一个入径。

1 即声闻乘，是指小乘觉悟之一。小乘有两种，一是声闻，二是缘觉。所以小乘又叫二乘。声闻乘就是听闻佛法而觉悟的人。

虚

『虚其心，实其腹』

本义：人烟荒芜、虎狼横行之丘

“虚”的金文是，表示虎头，借指老虎；“业”写成两个（即“匕”），表示两只爪子；下面是，表示土地。

在篆文中，把下面的写成“丘”（），经常有老虎的爪印出没的地方，一定是在大山里，山也称“丘”，也就是说老虎出没在山丘里。

老虎出没的地方，一般都人迹罕至，人烟荒芜。我们现在所说的殷墟的“墟”就是“虚”的本字，也可以说是把金文下面的“土”放到了左边。因此“虚”也是大丘，即人烟荒芜、虎狼横行之地。

“大虚，大丘也”——昆仑山

北方的昆仑山，[1]古时候称作“昆仑丘”，形容昆仑山是大山。比丘更大的是什么？就是“虚”。所以后来为了形容昆仑山及其山脉的壮观、雄伟、博大，就称之为“昆仑虚”。《说文解字》曰：“虚，大丘也。”《尔雅》说“河出昆仑虚”，意思是河流都是从昆仑山脉流出来的。《庄子·天运》里也讲“逍遥之虚”，即杳无人迹之处。

“浮云一点过太虚”

古代有一句话，说人生就像“浮云一点过太虚”。[2]“过太虚”是过太空的意思，因此这句话的意思是，人生就像天上的一点浮云漫游过了太空。这里的“虚”就是指很博大的山，大到无边无际的时候就变成了空，因此后来就把“虚”引申为空。

“虚室生白”

“虚室生白”的“虚”是“空”的意思，是说只有很空荡的房间，才会展现出它本来的样子和本来的颜色。这就是“虚室生白”。这种

1　昆仑山，又称昆仑虚、中国第一神山、万祖之山、昆仑丘或玉山。亚洲中部大山系，也是中国西部山系的主干。昆仑山在中华民族的文化史上具有“万山之祖”的显赫地位，古人称昆仑山为中华“龙脉之祖”。

2　出自曾国藩给其弟曾国荃的一首诗：“左列钟铭右谤书，人间随处有乘除。低头一拜屠羊说，万事浮云过太虚。”

状态也引申为“虚心”者，不使心起任何杂念，就会生出智慧，进入清澈明朗的境界。

虚心

我们经常教育孩子要虚心，虚心的“虚”实际上是说要保持放空的心态，只有心放空了才能装下更多东西，只有保持谦卑才能够学习更多的知识。假如骄傲自满，那就再也装不下新的知识。

“虚其心，实其腹”

“虚其心，实其腹”是指圣人的治国方法是使人民心无所求，使其能够吃得饱；后来还有两句是“弱其志，强其骨，常使民无知无欲”，这句话经常遭到误解，认为老子在讲圣人的统治时，是在倡导愚民政策。

然而，这一句实际是修行的法门。老子认为，圣人之治，就是圣人的“自治”和对别人的“他治”。

“虚其心”的意思是人要把自己的心打开，“虚”在这里是指很大，要让人的心量变大、变空，能够容纳更多的东西。

“实其腹”是指身体强壮，营养跟得上，让身体得到滋养。因为人的立身之本就是仅有的也是最宝贵的身体，所要好好对待自己的身体。

“弱其志，强其骨”是最容易遭到误解的，“弱其志”的意思并不是说要人放弃思考，而是去除不必要的杂念。因为杂念太多，势必会有太多的烦恼，妨碍修行。“弱其志”实际是说要做到心无杂念。

“强其骨”是指强健其体魄。体魄强壮了，精神才会好。

“常使民无知无欲”是说人不要被七情六欲牵扰、牵绊，烦恼越少，修为才能精进。

堂

『旧时王谢堂前燕，飞入寻常百姓家』

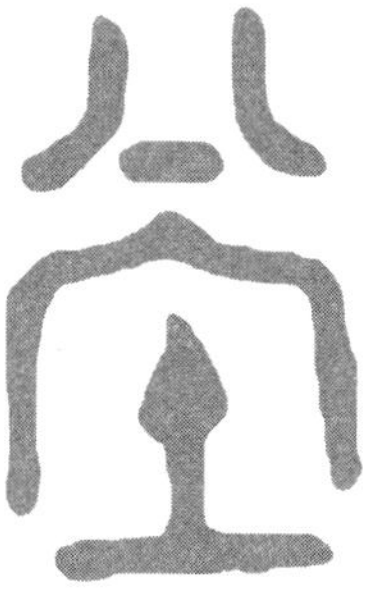

本义：明亮的建筑

“堂”的金文是。

“堂”是指高大的房屋建筑，上面是“尚”，下面是“土”。“尚”是声旁，同时又有形旁的作用，意思是向着阳光打开的窗户，有阳光照进来，所以屋内很明亮；“土”是指土、宫殿，因此拥有明亮窗户的建筑就称之为“堂”。

“殿堂”

“堂”比一般的房屋要高大，所以经常会把“堂”和“殿”连用。

“殿”是指高大的房屋，甚至比堂还要大。在打仗时，前面的部队称为“起”，后面的部队称为“殿”，也就是“殿后”。

“殿”（篆文）的右半边结构是敲击的样子，左半边有专家认为是敲击发出的声响，用来调动军队。《说文解字》说：“殿，击声也。”所以“殿”有可能是军事用语，后期就把它引申为驻扎军队的地方。

“富丽堂皇”“相貌堂堂”“堂堂正正”“登堂入室”

因为“堂”是指高大、明亮的建筑物，所以将它引申为形容词，即“富丽堂皇”，指高大、方正、威严、壮观的建筑物，也形容诗文辞藻华丽。

如果形容某个人“相貌堂堂”，是在夸赞他仪表端庄帅气，举止大方。

“堂堂正正”，原是形容队伍强大整齐的样子，现也形容人身材威武，仪表出众，人品正派。

古代的宫室，前面是堂，后面是室。“登堂入室”是形容登上厅堂，进入内室。现在，“堂”这个字，比喻追求学问，由浅入深，希望登堂入室，能够一窥知识的奥秘。

你搞什么名堂

有一句俗语是，你搞什么名堂？意思就是你搞什么花样。古代文人的名字、堂号特别多，五花八门，所以叫名堂多。

“朱雀桥边野草花，乌衣巷口夕阳斜。旧时王谢堂前燕，飞入寻常百姓家”

中国的传统诗歌是没有严格的主谓宾的，仅仅几个意象叠加在一起，就能让大家产生水墨画一样的形象联想。就像唐朝诗人刘禹锡所写的一首诗《乌衣巷》：“朱雀桥边野草花，乌衣巷口夕阳斜。旧时王谢堂[1]前燕，飞入寻常百姓家。”

“朱雀桥边野草花，乌衣巷口夕阳斜”，能让人们联想到一幅风景画：在近处的桥边和远处的巷口，有着非常美的景色夕阳——都泼洒在巷口、桥边的野草花上。

作者写完景后开始深情地感慨：“旧时王谢堂前燕，飞入寻常百姓家。”

刚才描摹静态的景色，现在却抒写动态：旧时的燕子飞到了寻常百姓家。

这句诗表面上是在说，旧时王侯之家的燕子因为宫殿的破败，就转入老百姓的家里去筑巢；实际上是诗人在感慨破落的贵族流落民间。

就像我们在感慨历史的时候经常引用的一句曲词：“眼看他起高楼，眼看他宴宾客，眼看他楼塌了。”[2]也就是风水轮流转的意思。

---

1 这首诗里的“堂”是贵族专属，普通老百姓是住不起“堂”的，也称不上“府”，只能称得上“舍”或“屋”。

2 这句话的意思是荣华富贵、功名利禄不过是过眼云烟。出自清代戏曲家孔尚任所作《桃花扇》中的一段唱词，为套曲《哀江南》中的第七段，曲牌是“离亭宴带歇指煞”。

习

『学而时习之，不亦乐乎』

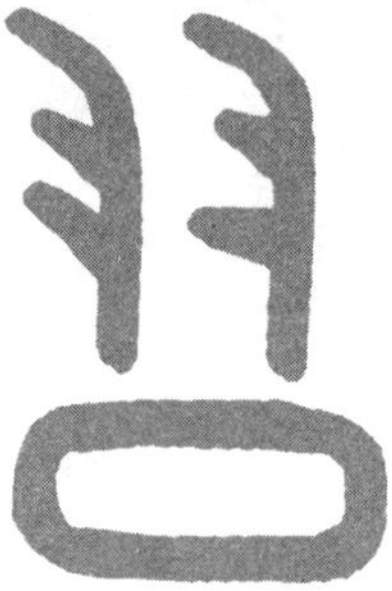

本义：小鸟在鸟巢旁学习飞翔

“习”的甲骨文是，是指羽毛，是指鸟窝。后来在繁体字中，就把表示鸟巢的变成了“白”，写作“習”。现在，简体字将“羽”进行简化，只留其半边。

“习”（習）是非常形象的，两只羽毛代表着飞，下面的鸟巢代表小鸟在鸟巢旁边展翅欲飞。

因此，“习”的本义是小鸟在鸟巢旁欲飞前学习振翅。

“习，鸟数飞”

《说文解字》中讲：“习，鸟数飞”，意思是鸟在一个地方多次飞动。

“学而时习之，不亦乐乎”

鸟不是天生就会飞翔，也是要通过学习才能飞向天空。人也是需要通过学和习才能获得各种本领的。因此，《论语》说：“学而时习之，不亦乐乎。”“学”是指传授理论，“习”是指通过实践获得训练。所以只有“学”没有“习”，很难达到熟练的程度；只有“习”没有“学”，有可能只是盲修瞎练。

“性相近，习相远”

《三字经》说：“性相近，习相远。”“性相近”的意思是，人们的天性生来是比较接近的，甚至是一致的，但是通过后来的学习，人们的习性发生了改变。比如说南北方的习性差异就很大。

每个地方都有着不同的习俗，在不同文化习俗环境下长大的人，习惯都不一样。比如黑人就对音乐和体育有着不同寻常的天赋。

“习气未除”

佛家说“习气未除”。用一个比喻来说，就像把酒瓶子里的酒都倒掉，尽管已经没有酒了，但是酒味还在，这个酒味就是“习气”。“烦恼易断，习气难除”就是这个道理，尽管你知道什么是烦恼了，并且成功把烦恼抛掉，但是这个“味儿”还在。

佛家认为习气是在你的阿赖耶识，[1]也就是在第八识当中，是累世所产生的习气。

比如说有的人听到音乐就会无意识地扭动身体，这就是习气。

又比如有些人就喜欢同人抬杠，而且他意识不到，因为一旦意识到他就会改变抬杠的陋习，意识不到他就没办法改变。有的人可能天生有才华，书法很好，或者智慧很高，这也是累世积累出来的习气。

“善念是性，恶念是习”

习气也分好的、不好的，不好的我们要改变，好的也要把它空掉。

什么是好的习气？比如我们喜欢诗词歌赋，喜欢美好的东西，这都是累世所带来的习气。

不好的习气能给人带来烦恼，佛家说要断烦恼的种子，就包括烦恼现前的状态。烦恼包括烦恼的种子、烦恼余留下的习气。

要让不好的习气一点一滴自动消除。王阳明讲，善念是性，恶念是习，好的就是人的天性，坏的就是人的恶习。

---

1 阿赖耶识，又译为阿梨耶识。阿赖耶在梵文中的原意为：藏，能藏、集藏，阿赖耶识是指能够集藏分段生死等，有漏无漏法种的第八识如来藏。

听

『形神随聚散，视听总希夷』

本义：用耳接收声音

“听”是个合并字，它有两种写法。

第一种写法：听（xǐng）——听到了别人讲笑话很开心

“听”的第一种写法就是现在的简体字，左边“口”，右边“斤”，念“xǐng”。

“斤”是欣然、开心的意思。所以“听”的本义是听到了别人讲笑话很开心，就称之为“xǐng”。后来这个音没有了，现在和“聽”合并了，都念作“tīng”。

第二种写法：“聽”（tīng）——用耳朵去听别人说话

“聽”的甲骨文是耳朵加上口（），意思是用耳朵听别人说话，接收到声音。后来又加了几个口，代表不仅要用耳朵听一个人说话，

而且还要听很多人说话，接收各种声音。因此“聽”就有了兼听则明的意思。你只有听很多人说话，才能知晓是非，“兼听则明”，听了很多东西才能明白事情的真相。

“聽”和耳朵、“土”有关

远古时期，部落打仗时要去探听敌人有没有来，常常要伏地而听，这是因为固体传播声音比空气快。因此又在耳朵下加上“土”，代表着人趴在地上听，就能听到远方的声音。因此“聽”和耳朵、“土”有关。

听的智慧比说的智慧更大

古人认为，倾听别人的声音是非常难得的智慧，且听的智慧比说的智慧更大，我们在现代心理学中也一直在强调，大家要善于倾听。

比如我以前在做记者采访时，首先学会的是倾听，而不是学会说。提问不是记者的第一天职，善于倾听才是。当学会倾听之后，根本不用提问，别人就会很信任你，被采访者就会滔滔不绝地一直讲下去。

所以学会倾听、善于倾听是现代人的必修课。怎样学会倾听？首先要学会专注，只有专注才会去倾听，而不是左耳进右耳出，所以倾听是一种美德。“听”和“圣”这两个字同源，在甲骨文中写法中比较接近。可见，兼听则明，明则圣。

古人认识到听是一种美德，就在听的右半边加上了具有德行的符号——道德的德，又把这个符号给予、奖赏给了“聽”。

“形神随聚散，视听总希夷”

民国时期，儒家的“三圣”之一马一浮，[1]在晚年写过一首告别亲友的诗，诗里有一句话非常重要，是“形神随聚散，视听总希夷”。[2]

“形神随聚散”是说人的形体、精神，既有相聚时，自然就有消散时，因此“形神随聚散”是指身体、精神都不重要，聚合消散都是不可避免的；而“视听总希夷”，是说看到、听到的东西终究都会消失。

“视而不见谓之夷，听而不闻谓之希”

老子说：“视而不见谓之夷，听而不闻谓之希。”意思是看但是看不见，就称之为“夷”；听但是听不见，就称之为“希”。所以“希夷”是意味着把让五官归于虚无——看而不见，听而不闻，到了空洞

1 马一浮（1883—1967），幼名福田，字一佛，后字一浮，号湛翁，别署蠲翁、蠲叟、蠲戏老人。浙江会稽（今浙江绍兴）人，中国现代思想家、诗人和书法家。是引进马克思《资本论》的中华第一人，与梁漱溟、熊十力合称为“现代三圣”（或“新儒家三圣”），现代新儒家的早期代表人物之一。

2 84岁的马一浮胃出血辞世，留下绝笔诗一首：乘化吾安适，虚空任所之。形神随聚散，视听总希夷。沤灭全归海，花开正满枝。临崖挥手罢，落日下崦嵫（yān zī）。

的境界。在这个境界我们就能和宇宙自然融为一体。

比如我们听不到天体运行的声音，只能听到有限的波长。还有很多波段是人类听不见的，听不见的波段就称之为“大音希声”。也就是说真正的听不是用耳朵，而是用心。

总释

『空谷传声，虚堂习听』

“空谷传声，虚堂习听”，字面的意思是在空旷的山谷中，呼喊的声音可以传得很远；在宽敞的厅堂里，说话的声音可以非常清晰。

其隐藏的意义是：你应该像空旷的山谷一样保持谦虚，只有保持谦虚才可以听到外界的声音。“虚堂习听”的意思也是如此，你只有在空旷的屋里，才可以听到响亮的声音。

所以，“空谷传声，虚堂习听”，实际上是在阐释一个人如何才能保持谦和、谦逊、谦虚的状态。

各界名人联袂推荐

老师和家长更应该读《赳赳说千字文》系列。

——作家、文艺评论家　陈丹青

平生不识千字文，纵是英雄也枉然

——作家、编剧、出版人　野夫

作为才华优异的诗人、记者、作家，赳赳所著的《赳赳说千字文》系列给我们示范的是生活出入自如的德行。在本书中，他给我们讲述一个个汉字的来龙去脉，让我们回到根本的新生。感谢赳赳，他代我们重新打量、发现了汉字的考据、义理和辞章之美。

——诗人、学者　余世存

要让人们理解中国文化，还原汉字的本来面目，是极不容易的，但《却却说千字文》系列做到了。

——诗人、作家　冯唐

从眼认字，以心识字，《却却说千字文》系列，说的都是我们何去何从的观念。

——著名文化学者，北京师范大学教授、博士生导师　于丹

希望《却却说千字文》系列培养几个读书种子。

——当代著名学者、思想家　龚鹏程

提笔忘字的时代，忘掉几个汉字不可怕，但丢掉汉字的智慧和美学让人真正心痛和悲哀。却却的书会帮助你重新亲近汉字，爱上传统文化。

——中国领军公众号　十点读书

咬文嚼字，津津有味。古老的汉字充满智慧。

——歌手、音乐制作人　李健

让《却却说千字文》系列成为我们每天的早自习。

——演员、导演、监制、制片人　黄磊

让《赳赳说千字文》系列成为我们生活中的盐。

——演员　姚晨

字是草根，也是流云。《赳赳说千字文》系列，亦远亦近。

——著名媒体人、纪录片制作人　邓康延

对我而言，汉字是世界上最美丽的文字。方块字在我眼中，并非简单的信息载体，而是承载了中华民族古老灵魂的鲜活生命体。它们一个个能言善辩，既歌且舞，在中国五千年文明长河里生生不息，喧嚣奔腾。《赳赳说千字文》系列，说出了汉字的“生命”起源，值得一读。

——真格基金联合创始人　徐小平

看《赳赳说千字文》系列，重新认识汉字之美。

——创作歌手　叶蓓

《赳赳说千字文》系列，或许是孩子们理解传统文化的一个入口。

——资深媒体人　詹正凯

汉字，各有本义，然而，时隔数千年，音、形、意发生重大变化，须述其流变、探其本原、纠讹补偏。而《赳赳说千字文》系列就在做这件事。

——艺术家　徐冰

《趣趣说千字文》系列围绕一个字的考据、义理和辞章，并穿插各种文化知识、历史典故，讲透每一个汉字的前世今生与来龙去脉，力图提高人们对汉字的应用和审美能力。

——艺术家　尚扬

只知引申义，不知其本来意思，汉字就失去了它应有的魅力，成了个“工具”。不懂文字中的文化内涵，就是抱着金饭碗讨饭。

——媒体人　程益中

如果我们不能对自己的文字抱有根源性的认知，我们对自己的文化的热爱就会变得肤浅。

——烹饪大师　大董

认识字，不代表有文化。文化之于社会，90% 的人只是知道了这个“文”，而《趣趣说千字文》系列则是在教你“化”。

——日本筑波大学语言学博士、青年学者　akasode

图书在版编目（CIP）数据

赳赳说千字文. 2 / 胡赳赳著. -- 广州 : 广东人民出版社, 2019.12
ISBN 978-7-218-14038-4

Ⅰ. ①赳… Ⅱ. ①胡… Ⅲ. ①古汉语－启蒙读物 Ⅳ. ①H194.1

中国版本图书馆CIP数据核字(2019)第252173号

JIU JIU SHUO QIAN ZI WEN · 2
赳 赳 说 千 字 文 · 2

胡赳赳　著

出 版 人：肖风华

责任编辑：严耀峰　李辉华
特约编辑：马　松　路思维　李　莉
装帧设计：紫图装帧
责任技编：周　杰　易志华
营销支持：曹莉丽
出版发行：广东人民出版社
地　　址：广东省广州市海珠区新港西路204号2号楼（邮政编码：510300）
电　　话：(020)85716809(总编室)
传　　真：(020)85716872
网　　址：http: //www.gdpph.com
印　　刷：嘉业印刷（天津）有限公司
开　　本：710mm ×1000mm　1/16
印　　张：24　　　　　字　　数：250千
版　　次：2019年12月第1版
印　　次：2019年12月第1次印刷
定　　价：79.90元

如发现印装质量问题，影响阅读，请与出版社（020-85716808）联系调换。
售书热线：020-85716826